Das Backbuch

Die Lieblingsrezepte von Rabbat, Henrietta & Co.

Die magischen Tiere eröffnen die Backschule

WINTERSTEIN SCHULE

Die Schule der magischen Tiere stellt sich vor

Die Wintersteinschule birgt ein Geheimnis: Wer Glück hat, findet hier den besten Gefährten, den es gibt. Und zwar ein magisches Tier, das sprechen kann. Rabbat, Henrietta, Muriel & Co. helfen ihren menschlichen Freunden dabei, ihre Stärken und Fähigkeiten zu erkennen und selbstbewusster zu werden. In diesem Buch zeigen die magischen Tiere, wie einfach es ist, backen zu lernen.

Miss Cornfield kommt aus Schottland und ist Lehrerin an der Wintersteinschule. Manchmal ein bisschen verrückt, aber sie meint es gut mit ihren Schülerinnen und Schülern. Und sie weiß ganz genau, wer von ihnen Hilfe braucht. Und dabei kommt Mister Mortimer ins Spiel.

Mortimer Morrison. Wenn der merkwürdige **Mortimer Morrison** in die Klasse von Miss Cornfield kommt, halten alle Schülerinnen und Schüler die Luft an. Denn er ist der Inhaber der magischen Zoohandlung. Wer Glück hat, dem bringt Mister Morrison den besten Freund auf Erden mit, denn er verteilt magische Tiere – sprechende Tiere! Bald tummelt sich ein kleiner Zoo im Klassenzimmer der Lehrerin Miss Cornfield und die Abenteuer beginnen …
Elster Pinkie ist Mister Morrisons magisches Tier. Sie liebt alles, was glänzt, glitzert und funkelt. Auch beim Essen. Leuchtend bunte Früchte oder ein Stückchen Kuchen mit blankem Tortenguss sind für sie unwiderstehlich.

Ida und Rabbat

Ida kann gut rechnen, löst selbst schwierige Schulaufgaben und ist auch sonst genauso schlau wie ihr magisches Lieblingstier Rabbat. Ida vermisst ihre alte Freundin Miriam und ist verknallt in Jo. Sie mag Flip-Flops und Vampirfilme – und liebt alles mit Erdbeeren.
Rabbat, der pfiffige Fuchs aus Norwegen, streift am liebsten durch den Schulgarten und durchwühlt gerne Mülltonnen. Er mag Früchte, doch mit leckeren Schokokeksen kann man ihm die größte Freude machen.

Benni und Henrietta

Benni mag Comics, Außerirdische und Piraten. Er ist eher verträumt und gemütlich, Hektik und Sport sind nicht so sein Ding. Seine magische Schildkröte Henrietta treibt ihn dennoch immer wieder zu Höchstleistungen an. Seit er sie kennt, steigen seine Abenteuerlust und sein Salatkonsum. Ab und zu muss es aber ein Stück Torte sein.
Henrietta kommt aus der Karibik, ist neugierig und viel gereist in ihrem Leben. Mit ihren fast 200 Jahren hat sie jede Menge Lebenserfahrung und kennt viele nützliche Tipps und Tricks – auch beim Backen. Henrietta knabbert am liebsten Salat, Gurken, Gänseblümchen und feines Gebäck.

Max und Muriel

Max, auch „Professor“ genannt, kann gut lernen, rechnen und Geheimschriften knacken. Der Klassenbeste weiß einfach alles. Na ja, fast alles. Den Rest weiß seine magische Eule Muriel. Max liebt kalte Milch, Traubenzucker und Erdnüsse.
Muriel aus Athen jagt gerne Mäuse. Ihr Lieblingsort ist das Turmstübchen der Schule. Sie möchte mal Universitätsprofessorin werden, könnte aber eigentlich gleich anfangen, weil sie jetzt schon so schlau ist. In diesem Buch verrät Muriel ihr Wissen über Lebensmittel und übers Backen.

Helene und Karajan

Helene liebt Rosa, möchte Model werden und lästert gerne. Sie mag japanisches Sushi und die französische Küche. Aus Frankreich ist auch ihr Kater Karajan, der genauso eigensinnig sein kann wie sie.
Karajan aus Paris ist adelig und deshalb etwas hochnäsig. Er hasst Nässe, Kälte, Schmutz und billiges Futter. Er liebt Streicheleinheiten, mag weiche Betten und Lachstörtchen.

Schoki und Peperoni

Samuel, von allen Schoki genannt, liebt alles mit Schokolade: egal ob Eis, Pudding, Torte, Kekse, Schokobananen oder Kaba. Später möchte er mal Beleuchter beim Fernsehen werden.
Peperoni, Samuels Pinselohrschwein aus Senegal, teilt seine Liebe zu Kaba und Schokolade. Er mag aber auch Kartoffeln und futtert gerne Reste. Er bezeichnet sich selbst als Genießer, mag gute Witze und fröhliche Menschen und Tiere.

Anna-Lena und Caspar

Anna-Lena ist eher schüchtern, doch auf der Bühne wird sie zur Verwandlungskünstlerin. Ihr Chamäleon Caspar verwandelt sich genauso gerne wie sie. Was sie gern isst? Hauptsache abwechslungsreich!
Caspar aus Madagaskar kann, wie jedes Chamäleon, je nach Umgebung seine Farbe wechseln. Und das ist auch sein Hobby. Er liebt Sonne, Wärme, Früchte und bunt belegten Pizzatoast.

Eddie und Eugenia

Eddie will Comiczeichner werden, findet Superhelden toll, ist aber selbst etwas tollpatschig. Seit er Eugenia hat, bessert sich das. Sein Lieblingsessen: Butterbrot mit Schnittlauch aus dem Garten.
Eugenia lebte früher in einer Burg, jetzt bei Eddie. Ab und zu schlummert sie in Eddies Federmäppchen. Eugenia hat einen lustigen Sprachfehler und liebt „schöneriche Unordnung“. Ihr Lieblingsrezept: Spinnennetz-Torte.

Jo und Juri

Jo, der Schwarm aller Mädchen, legt großen Wert auf Aussehen und Fitness. Mit seinem Pinguin Juri verbindet ihn die Freude am Sport. Weil er Profisportler werden will, achtet er auf gesunde Ernährung mit viel Vollkorn, Gemüse und Obst.
Juri aus der Antarktis hat als Hobbys Schwimmen, Tauchen und Trampolinspringen. Später möchte er Tauchlehrer werden. Er schwimmt gerne in eiskaltem Wasser und trinkt es auch am liebsten. Wie Jo liebt er die Powerhappen von Seite 41.

Silas und Rick

Silas liebt Fahrradfahren und Klettern. Er kennt sich bestens mit Dinos und Fossilien aus, möchte mal Paläontologe werden. Silas reißt oft seine Klappe zu weit auf – genau wie sein Krokodil Rick. Silas isst gerne Fleisch und mag Mamorkuchen.
Rick kommt aus Florida und hat den Schulteich für sich entdeckt. Er findet, dass er gut schwimmen, schnarchen und rülpsen kann. Sein Lieblingsessen? Fleisch, Fischstäbchen und New York Cheesecake.

Anthony und Madonna

Anthony liebt Fußball, besonders Straßenfußball, wie er bei seinen Cousins in Südafrika gespielt wird. Er will Profi werden, trainiert verbissen, mag Powerbrote und Siegertypen. Sein magisches Tier, das kleine Meerschweinchen Madonna, fand er anfangs uncool. Mittlerweile kann ihn niemand besser anfeuern.
Madonna aus Chile ist seidig weich und riecht nach Apfel und Zimt. Weil sie rote Paprika liebt, gibt es von ihr für den Foccaccia-Garten auf Seite 101 ein anerkennendes „Caramba“.

Finja und Sydney

Finja verbringt ihre Zeit gern mit ihrer Familie und mit einem Buch in der Hängematte im Garten. Wenn sie von zu Hause weg ist, bekommt sie Heimweh. Dann trösten sie eine Tasse Früchtetee und ihr Koala-Mädchen Sydney.
Sydney aus Australien schläft, kuschelt und quasselt gerne. Sie hasst große Straßen, Autolärm, Stress und Schluckauf. Am liebsten mag sie frische Eukalyptusblätter. Weil es die hier nicht gibt, backt Finja ihr australische Minced Pies als Trost.

Yannik und Tingo

Yannik schaut am liebsten Actionfilme und will Sportlehrer werden. Er macht gerne Quatsch und muss immer aktiv sein. Genau wie Tingo, sein Affe. Nur wenn es seine Lieblingspizza mit Ananas und Schinken gibt, sitzt Yannik ein paar Minuten still.
Tingo kommt aus Tansania. Klettern, Radschlagen, Seilspringen, Hopsen und Unsinn machen, das sind die Hobbys des quirligen Schimpansen. Und sein Lieblingsfutter? Natürlich Bananen! Als Bananenchips, Bananenbrot, im Joghurt oder einfach nur pur.

Franka und Cooper

Franka ist zu cool für die Schule, für Freunde, für Spaß. Nur für ihre Ratte Cooper nicht. Denn die ist genauso schräg drauf wie sie und kommentiert ihre Punkrock-Musik, ihre Totenköpfe und ihre Leibspeise, giftgrünen Wackelpudding, mit: „Cool, Baby!“
Cooper kommt aus London, hasst Seife, hört gerne Punkrock, und Mülltonnen sind sein Paradies. Cooper mag Pommes mit Essig, englischen Hartkäse und Käsekuchen.

Hatice und Mette-Maja

Hatice möchte unbedingt die Schwimmprüfung bestehen. Ihre Robbe Mette-Maja unterstützt sie dabei. Manchmal backen die beiden zusammen Dansk Wienerbrød, Plundergebäck aus Mette-Majas Heimat.
Mette-Maja kommt aus Dänemark, liebt das Meer, zur Not auch die Badewanne. Ihr größtes Vergnügen: Klatschzeitschriften lesen und dabei Zimtschnecken oder Dansk Wienerbrød knabbern. Am liebsten noch warm aus dem Ofen.

Vorsicht, heiss und fettig! Die wichtigsten Küchenregeln

Beim Backen geht's in der Küche im wahrsten Sinne des Wortes heiß her. Auf den nächsten Seiten findest du deshalb viele nützliche Tipps, damit alles gut und sicher gelingt. Unbedingt durchlesen!

KLEINER KÜCHENRUNDGANG

Lass dir von deinen Eltern euren Backofen und die verschiedenen Einstellungen erklären. Lass dir zeigen, welche Backausstattung in eurer Küche zu finden ist und wie man die einzelnen Geräte und Utensilien benutzt. Schau dir an, welche Backformen ihr besitzt. Vielleicht gibt es kleine Backhelfer wie Spritzbeutel, Teigschaber, Pinsel, Paletten zum Verzieren oder andere Dinge, die das Backen erleichtern.

GANZ WICHTIG: HILFE HOLEN

Bitte einen Erwachsenen um Hilfe, wenn etwas nicht klappt, wenn du etwas noch nicht schaffst oder es dir nicht zutraust. Vielleicht backt ihr den ersten Kuchen gemeinsam, damit du dich mit der Arbeit vertraut machst?!

HITZESCHUTZ FÜR DEINE HÄNDE

Verwende immer Topfhandschuhe oder große Topflappen, damit du dich am Ofen, an Blechen und Kuchenformen nicht verbrennst. Stelle heiße Gegenstände immer auf einen Topfuntersetzer.

SITZT DAS BLECH FEST IM OFEN?

Wenn du das Backblech oder das Backgitter in den Ofen schiebst, achte darauf, dass es fest in der Schiene sitzt. Lass Blech oder Gitter erst los, wenn nichts mehr wackelt oder locker ist. Auch beim Herausholen ist Achtsamkeit gefragt, denn schnell kann man sich in den heißen Schienen verhaken.

PERFEKTER ARBEITSPLATZ

Achte darauf, dass die Arbeitsfläche genügend Platz zum Rühren und Kneten bietet, nicht vollsteht und die Höhe für dich passend ist. Ist die Arbeitsplatte zu hoch, nimm einen rutschfesten Hocker, auf dem du sicher stehst.

UNFALLFREI RÜHREN UND MIXEN

Wenn du einen elektrischen Handmixer benutzt: Halte die Quirle immer ganz unten in der Rührschüssel, sonst spritzt der Teig oder die Creme heraus und verkleckert alles in der Küche. Stecke den Stecker vom Kabel erst in die Steckdose, wenn du bereit bist zu mixen, und ziehe das Kabel am Stecker sofort wieder heraus, wenn du fertig bist oder eine Pause machst. Ganz wichtig: Finger weg von den Quirlen!
Ihr habt eine Küchenmaschine zu Hause und du möchtest damit den Teig zubereiten? Dann lass dir von deinen Eltern vorher ganz genau erklären, wie man sie benutzt und worauf man achten muss, um sich nicht zu verletzen.

Wer will guten Kuchen backen …

… der muss haben sieben Sachen – kennst du das Kinderlied? Eigentlich reichen schon vier: Mehl, Butter, Zucker und Eier. Was noch in den Teig kommt, ist zum Auflockern und Verfeinern. Lies hier, worauf es bei Backzutaten ankommt, damit dein Kuchen locker und lecker wird.

Mehl – der Mahlgrad ist entscheidend

Mehl gibt es von verschiedenen Getreidearten und unterschiedlich fein gemahlen. Zum Backen ist Weizenmehl Type 405 oder Dinkelmehl Type 630 zu empfehlen. Beide haben gute Klebereigenschaften, die dafür sorgen, dass der Teig gut zusammenhält und elastisch wird. Das Gebäck wird schön feinporig und locker. Je höher die Typennummer ist, desto dunkler ist das Mehl, denn umso mehr von den Außenschichten des Korns mit seinen gesunden Nährstoffen wurde mitgemahlen. Damit ist etwa Weizenmehl Type 1050 zwar gesünder, aber der Geschmack des Gebäcks wird auch herzhafter und die Konsistenz fester.

Gesünder backen mit Vollkorn

Vollkornmehl hat keine Typenbezeichnung, denn in ihm sind alle Bestandteile des Getreides enthalten. Vollkornmehl hat mehr Ballaststoffe, Vitamine, Mineralstoffe und sekundäre Pflanzenstoffe, ist also gesünder. Grundsätzlich lassen sich alle Teige auch mit Weizen- oder Dinkel-Vollkornmehl, also mit Mehl aus dem ganzen Korn, backen. Der Kuchen wird aber fester und schmeckt herzhafter. Du musst dann auch in jedem Fall für mehr Feuchtigkeit sorgen, also zum Beispiel Wasser oder Milch zum Teig geben. Etwas zusätzliches Backpulver kann außerdem nützlich sein.

Butter oder Margarine?

Diese Entscheidung ist reine Geschmackssache. Für manche ist es aber auch die Frage, ob sie lieber pflanzliche Fette in Form von Margarine oder mit Butter tierische Fette zu sich nehmen möchten. Gute Backergebnisse erzielt man mit beiden. Bei fettreduzierten Produkten aufpassen: Nicht alle eignen sich zum Backen.

Zucker – weiß oder braun

Zucker gibt es aus Zuckerrohr und Zuckerrübe. Als raffinierter, also gereinigter Haushaltszucker ist er weiß, einfach nur süß und passt somit zu jeder Art von Gebäck. Aus weißem wird brauner Zucker, indem Karamellsirup zugesetzt wird. Vollrohrzucker wird nicht, Rohrohrzucker nur einmal raffiniert. Beiden haftet von Natur aus Sirup an, der leicht malzig schmeckt. Brauner Zucker ist oft weniger süß, trotzdem solltest du mit jeder Art von Zucker sparsam umgehen. Beim Backen ist das nicht immer leicht, weil er nicht nur den Geschmack, sondern auch die Konsistenz des Teigs beeinflusst. Wenn du etwa 20 Prozent weniger als im Rezept angegeben nimmst, ist das meistens kein Problem. Probier doch einfach mal aus, wie dir der Kuchen mit weniger Zucker schmeckt.

Eier aus Freilandhaltung

Hühner, die draußen herumlaufen können, haben es meist besser als ihre Artgenossen im Stall. Vor allem, wenn sie auf Biohöfen wohnen. Wenn du einen Bauernhof mit Hühnern in der Nähe hast, geh sie doch mal besuchen und kaufe im Hofladen ein. Eier gibt es in verschiedenen Größen. Nimm zum Backen die Größe M oder L.

Backpulver

Rührteige werden durch Backpulver schön locker und luftig. Wer keines zur Hand hat, sollte die Eier trennen und das Eiweiß zu steifem Schnee schlagen. Dadurch kommt mehr Luft in den Teig, sodass der Kuchen auch ohne Backpulver locker wird.

Hefe frisch oder aus dem Tütchen?

Der Trockenhefe wurde die Feuchtigkeit entzogen, beim Backen bekommt sie die durch die anderen Teigzutaten zurück. Im Gegensatz zu frischer Hefe, die erst mit Wasser angerührt wird, kann man Trockenhefe gleich unter das Mehl mischen. Das ist einfacher und deshalb enthalten die Rezepte in diesem Buch alle Trockenhefe.

Aromen und Nüsse für die persönliche Note

Vanille, Zimt, Anis, Kardamom, Zitrusschale, Vanillepaste oder Bittermandelaroma: Mit diesen Zutaten darfst du ruhig experimentieren. Ebenso mit Walnüssen, Haselnüssen, Mandeln, Pistazien, Cashew-, Kürbis- oder Sonnenblumenkernen. Sie machen Rührteige aromatisch. 50 bis 100 Gramm kannst du problemlos unter Rührteige mischen. Frisch gemahlen und grob gehackt machen sie viele Teige saftiger.

Backwissen – die Grundlagen

Die richtige Vorbereitung, die passenden Backutensilien, die perfekte Ofeneinstellung, warum saubere Hände wichtig sind – hier steht alles, was du darüber wissen solltest.

BEVOR DU LOSLEGST

Lies dir zuerst das Rezept ganz durch. Mach die Arbeitsfläche frei, stell alle Backutensilien und Zutaten bereit und halte dich genau an das Rezept. Für perfekte Kuchen braucht man immer Waage und Messbecher, denn beim Backen hilft kein Augenmaß. Am besten wiegst du alles, was du grammweise benötigst, ab und stellst es in Schälchen bereit. Miss auch Flüssigkeiten vorher ab.

DIE RICHTIGE OFENEINSTELLUNG

Du bist verwirrt von den Symbolen auf dem Regler am Ofen? Die Einstellung, bei der jeder Teig gelingt, ist die sogenannte Ober- und Unterhitze. Deshalb verwenden wir sie in allen Rezepten. Das Symbol auf dem Regler sind zwei gerade Striche untereinander. Bei anderen Einstellungen ist es zwar beispielsweise möglich, mehrere Bleche auf einmal in den Ofen zu schieben. Das funktioniert aber nicht bei allen Gebäckarten, darum verzichten wir darauf.

Welche Backform soll es sein?

Es gibt Springformen, Kasten- und Gugelhupfformen, Muffinbleche und Motivformen, etwa Herzen und Tiere. Benutze immer die Form und Größe, die im Rezept steht. Möchtest du andere Formen verwenden, miss mit einem Messbecher und Wasser die Menge ab, die in die Form passt. Vergleiche sie mit dem Inhalt der Form im Rezept. Sind sie nicht in etwa gleich groß, musst du die Zutatenmengen anpassen. Kleine Mathestunde für schlaue Tüftler oder für deine Eltern!

SAUBERKEIT MUSS SEIN

Egal, ob Hände, Arbeitsflächen, Schüsseln oder Besteck: Sauberkeit ist in der Küche besonders wichtig. Auf schmutzigen Oberflächen bilden sich Keime, und die können krank machen, wenn sie in den Darm kommen.

HANDMIXER: WELCHER QUIRL FÜR WELCHEN TEIG

Rührquirle braucht man für Schlagsahne, Cremes und weiche Teige, wie zum Beispiel Rührteige und Biskuit. Die spiralförmigen Knethaken benötigt man für feste Teige, die durchgeknetet werden müssen, zum Beispiel Hefe- oder Mürbteig. Zum schaumigen Aufschlagen eignen sich Knethaken nicht.

Diese Abkürzungen in den Rezepten solltest du kennen:

EL = Esslöffel
TL = Teelöffel
ml = Milliliter
l = Liter
g = Gramm
°C = Grad Celsius
TK = Tiefkühlkost

Tipps & Tricks für Backanfänger

Mit dem nötigen Vorwissen und ein paar nützlichen Kniffen sollten dir deine Kuchen von Anfang an gut gelingen. Ärgere dich aber nicht, wenn mal etwas nicht so perfekt klappt, denn auch beim Backen gilt das alte Sprichwort: Übung macht den Meister.

Backform immer einfetten

Damit sich der Kuchen nach dem Backen leicht aus der Form löst, fette die Backform mit einem Pinsel gut mit weicher Butter oder Margarine ein. Streue sie mit Haferflocken oder Mandelblättchen aus, so bleibt der Teig nicht kleben. Kommt später ein Guss über den Kuchen, lass Flocken oder Mandeln weg und stelle die gefettete Form etwa 15 Minuten in die Tiefkühltruhe. Das wirkt ähnlich wie ein Backtrennspray.

Besser weiche Butter

Nimm die Butter zum Backen immer rechtzeitig aus dem Kühlschrank, denn weiche Butter lässt sich, etwa für Rührteige, besser schaumig rühren. Auch Mürbteig, zum Beispiel für Plätzchen, kann man mit weicher Butter leichter verkneten. Weil warmer Mürbteig klebt und sich schlechter ausrollen lässt, forme den Teig zu einer dicken Platte, wickle ihn in Frischhaltefolie ein und lege ihn mindestens 30 Minuten in den Kühlschrank.

Eier trennen – so gelingt's

Wenn du Eiweiß zu steifem Schnee schlagen willst, musst du es erst vom Eigelb trennen. Schlage dazu das Ei an einem dünnen Schüsselrand auf, zieh die Schale vorsichtig auseinander und lass das Eiweiß langsam in die Schüssel fließen, während du das Eigelb vorsichtig von einer Schalenhälfte in die andere gleiten lässt, bis das ganze Eiweiß abgelaufen ist.

Praktisch: Backpapier und Backmatten

Zwischen zwei Lagen Backpapier lässt sich Teig ausrollen, ohne zu kleben. Backpapier spart auch das Einfetten des Blechs und macht das Schrubben nach dem Backen überflüssig. Wenn man mehrere Bleche Plätzchen backt, kann man das Gebäck mithilfe des Backpapiers herunterziehen und gleich mit einer neuen Lage Plätzchen belegen. Umweltfreundlicher, weil wiederverwendbar, sind Backmatten aus Silikon und Dauerbackpapier.

Test: Ist der Kuchen schon gar?

Jeder Ofen backt anders. Deshalb können die Backzeiten, die in den Rezepten angegeben sind, nur ungefähre Richtwerte sein. Behalte dein Gebäck immer im Auge und reduziere die Hitze, falls die Oberfläche zu dunkel wird. Kurz vor Ende mache immer eine Garprobe.

1. Bei Rührteigen: Die Stäbchenprobe

Stecke ein Holzstäbchen in die dickste Stelle des Kuchens. Bleibt beim Herausziehen Teig daran kleben, lass das Gebäck noch im Ofen, bleibt das Stäbchen sauber, ist der Kuchen gar.

2. Bei Biskuit: Die Druckprobe

Drücke vorsichtig mit dem Finger auf die Oberfläche des Kuchens (Achtung, heiß!). Der Teig ist gar, wenn er sich nicht mehr feucht anfühlt und beim Wegnehmen des Fingers keine Druckstelle bestehen bleibt.

3. Bei Hefeteig und Blechkuchen: Die Blickprobe

Hebe das Gebäck an einer Ecke vorsichtig mit einem Pfannenwender ein Stückchen vom Backblech ab. Ist die Unterseite leicht gebräunt und trocken, ist das Gebäck fertig.

Pannenhilfe

Wenn der Hefeteig nicht aufgeht, die Kuvertüre für den Schokoguss klumpt, der Kuchen verbrannt oder nicht durchgebacken ist, hilft leider nur der nächste Versuch. Für viele andere Backprobleme gibt es glücklicherweise mit ein paar Tricks noch Lösungen.

Der Kuchen löst sich nicht aus der Form

Lass den Kuchen immer erst in der Backform etwas abkühlen. Dann löse ihn vorsichtig vom Rand. Möglichst mit einem Kuchenlöser aus Kunststoff, damit du die Form nicht zerkratzt. Jetzt stürzt du das Gebäck auf ein Kuchengitter. Bleibt er trotzdem in der Form: ein feuchtes Tuch über die Backform legen und einige Minuten bis zum nächsten Versuch warten.

Der Rührkuchen ist zu trocken

Rührkuchen, der etwas trocken geworden ist, kann mit etwas Saft getränkt werden. Stich dafür den Kuchen mit einem langen Holzstäbchen mehrmals ein und träufle vorsichtig esslöffelweise Fruchtsaft darüber. Oder: Serviere den Kuchen mit geschlagener Sahne oder einer Creme. Lecker und blitzschnell gerührt ist zum Beispiel eine Mischung aus Mascarpone und Vanillejoghurt.

Muffins sind nicht aufgegangen

Schneide die Muffins quer durch. Verrühre Mascarpone, Ricotta, Frischkäse oder geschlagene Sahne mit etwas Puderzucker und bestreiche die Unterseite der Muffins damit. Vielleicht noch ein paar Beeren darauf verteilen und die Muffins wieder zusammensetzen.

Der Teig lässt sich nicht ausrollen

Ist der Teig zu trocken, einfach ein bis zwei Esslöffel kaltes Wasser unterkneten. Ist er zu klebrig, rundherum mit Mehl bestäuben und zwischen zwei Lagen Backpapier ausrollen. Hilft das nicht: Den Teig zu einer dicken Platte formen, etwa 15 bis 20 Minuten ins Tiefkühlfach stellen, mit Mehl bestäuben und zwischen dem Backpapier ausrollen.

Plätzchenteig klebt in den Ausstechformen fest

Teig kühlen und die Plätzchenformen immer wieder in Mehl tauchen, bevor du den Teig damit ausstichst.

Der Mürbteigboden ist gebrochen

Einen zerbrochenen Mürbteigboden, etwa einen Tortenboden, kannst du mit geschmolzener weißer oder dunkler Kuvertüre begießen und damit reparieren. Sobald die Kuvertüre trocken ist, hält sie den Boden zusammen.

Die Schokoglasur bricht beim Aufschneiden

Die Schokolade lässt sich mühelos durchschneiden, wenn du das Messer, mit dem du den Kuchen schneiden willst, vorher in heißes Wasser tauchst. Die Klinge vor dem Schneiden vorsichtig abtrocknen.

Kuchen oder Plätzchen sind gebrochen?

Mach ein leckeres Schichtdessert daraus! Für ein cooles Schichtdessert im Glas den Kuchen- oder Plätzchenbruch gleichmäßig zerbröseln und etwa 2 Zentimeter hoch in Gläser oder Glasschalen füllen. Mit je 1 bis 2 Esslöffeln Fruchtsaft beträufeln. Geputzte und klein geschnittene Früchte (zum Beispiel Birnen, Kirschen, Pfirsiche oder Beeren) ebenfalls etwa 2 Zentimeter hoch einschichten. Pro Glas etwa 100 Gramm Mascarpone mit 100 Gramm Joghurt, 1 Schuss Orangensaft und 1 Esslöffel Puderzucker verrühren. Auf die Früchte löffeln. Das Dessert mit zerbröseltem Kuchen- oder Plätzchenbruch, gehackten Mandeln und etwas Puderzucker bestreuen.

FIX GERÜHRT!

Einfache Rezepte für Rührkuchen, Muffins und feine Häppchen

Käsekuchen

Für 1 Springform
mit 26 cm Durchmesser:

weiche Butter für die Form
1 kg Magerquark
3 Eier
170 g Zucker
Saft von 1 Zitrone
250 g Sahne
1 Päckchen Puddingpulver
Bourbon-Vanille

Zubereitungszeit:
ca. 15 Minuten
+ ca. 60 Minuten Backen

1. Den Backofen auf 180 °C vorheizen. Nur den Boden der Springform mit weicher Butter einpinseln.

2. Quark, Eier und Zucker in eine Rührschüssel geben. Mit den Quirlen des Handmixers vermischen. Zitronensaft, Sahne und Puddingpulver dazugeben und 1 Minute unterrühren.

3. Die Quarkmasse in der Backform verteilen. Den Kuchen achtsam auf der mittleren Schiene in den Ofen schieben und etwa 60 Minuten backen.

4. Den Backofen ausschalten und die Ofentür, wenn möglich, einen Spalt breit öffnen. Den Kuchen noch etwa 30 Minuten im Ofen lassen, dann sinkt er nicht zu sehr zusammen. Vorsichtig mit Topfhandschuhen oder großen Topflappen aus dem Ofen nehmen und abkühlen lassen. Vor dem Öffnen der Springform den Käsekuchen rundherum mit einem Kuchenlöser vom Rand lösen.

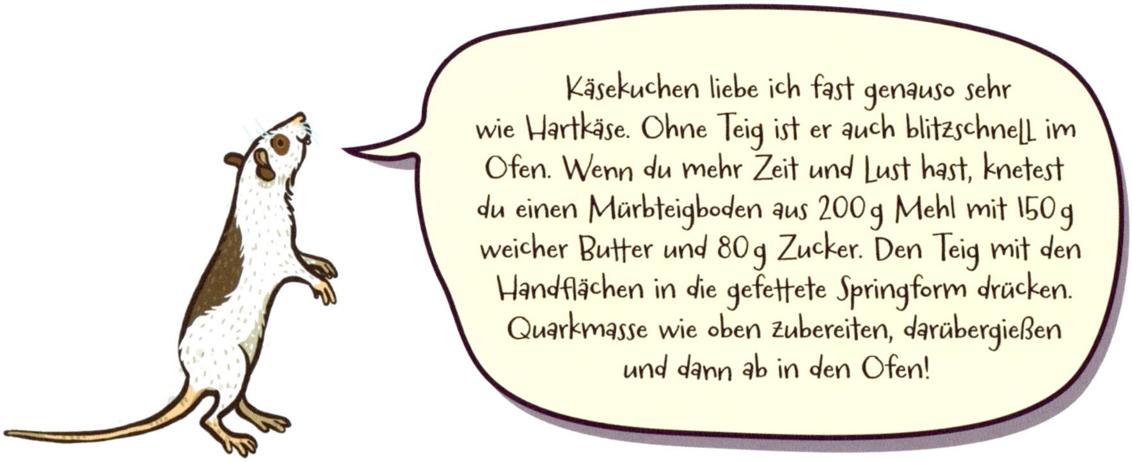

Käse
aus Holland

Idas Erdbeer-Cupcakes

Für 1 Muffinform
mit 12 Mulden:

weiche Butter für die Form
300 g Erdbeeren
150 g weiche Butter
100 g Zucker
3 Eier
50 g Haferflocken
150 g Mehl
1 TL Backpulver
300 g Doppelrahmfrischkäse
70 g Puderzucker

Zubereitungszeit:
ca. 25 Minuten
+ ca. 20 Minuten Backen

1. Den Backofen auf 180 °C vorheizen. Die Mulden der Muffinform gut mit weicher Butter einpinseln. Die Erdbeeren waschen, die grünen Kelchblätter mit einem kleinen spitzen Messer kreisförmig herausschneiden. 100 g Erdbeeren pürieren und für das Frischkäse-Topping beiseitestellen. Die restlichen Beeren in kleine Würfel schneiden.

2. Butter, Zucker und Eier in eine Rührschüssel geben und mit den Quirlen des Handmixers schaumig schlagen. Haferflocken, Mehl und Backpulver dazugeben. Kurz unterrühren, bis keine Mehlspuren mehr zu sehen sind. Dann die gewürfelten Erdbeeren untermischen.

3. Den Teig in die Mulden der Muffinform füllen und etwas glatt streichen. Die Form achtsam auf der mittleren Schiene in den Ofen schieben. Die Muffins etwa 20 Minuten backen, dann die Stäbchenprobe machen (siehe Seite 19).

4. Die Muffinform vorsichtig mit Topfhandschuhen oder großen Topflappen aus dem Ofen nehmen und abkühlen lassen.

5. Für das Topping Frischkäse, Puderzucker und Erdbeerpüree mit den Quirlen des Handmixers verrühren. Die Creme auf den Muffins verteilen und mit einem Messer nach Belieben entweder glatt oder etwas wolkig verstreichen.

Ich dekoriere die Cupcakes immer noch mit ein paar Erd-beeren. Chic sieht es auch aus, wenn du vor dem Servieren ein paar Zuckerherzen über das Topping streust.

Bei Schokolade können wir einfach nicht widerstehen. Und da darf es ruhig doppelt und dreifach sein wie bei diesen Muffins. Die Schokoraspel schmelzen super im Teig, das Kakaopulver sorgt für einen kräftigen Schokogeschmack und die Schokotropfen knacken schön, wenn man draufbeißt. Mmmh!

Schokis Schokomuffins

Für 1 Muffinform
mit 12 Mulden:

3 Eier
150 g weiche Butter
50 g Zucker
100 g Schokoraspel
75 g backfeste
Schokotropfen
1 EL ungezuckertes
Kakaopulver
50 ml Milch
200 g Mehl
1 EL Backpulver

Außerdem:
12 Papierbackförmchen

Zubereitungszeit:
ca. 25 Minuten
+ ca. 20 Minuten Backen

1. Die Mulden der Muffinform mit Papierbackförmchen auskleiden. Den Backofen auf 180 °C vorheizen.

2. Eier, Butter und Zucker in eine Rührschüssel geben und mit den Quirlen des Handmixers schaumig rühren. Schokoraspel, 50 g Schokotropfen, Kakaopulver und Milch dazugeben und langsam unterrühren. Mehl und Backpulver dazugeben und nur kurz unterrühren.

3. Den Teig mit einem Löffel in die Papierbackförmchen füllen. Mit den restlichen Schokotropfen gleichmäßig bestreuen. Die Muffinform achtsam auf der mittleren Schiene in den Ofen schieben. Die Muffins etwa 20 Minuten backen, dann die Stäbchenprobe machen (siehe Seite 19).

4. Die Muffinform vorsichtig mit Topfhandschuhen oder großen Topflappen aus dem Ofen nehmen und abkühlen lassen.

Diese Doppeldecker kenne ich aus meiner amerikanischen Heimat. Man nennt sie dort Whoopie Pies, und es gibt sie mit unterschiedlichen Teigen und Füllungen. Eine besonders beliebte Füllung ist Marshmallow Fluff, eine sehr süße Fertigcreme aus Eischnee, Zucker- und Maissirup. Gibt es hier in Deutschland sogar schon im Supermarkt, aber mir ist sie etwas zu klebrig. Ist eben Geschmackssache.

Vanille-Whoopies

Für ca. 15 Doppeldecker:

100 g weiche Butter
90 g Zucker
1 Prise Salz
1 Fläschchen Vanillearoma
oder 1 TL Vanillepaste
1 Ei
50 ml Milch
200 g Mehl
1 TL Backpulver

Für die Füllung:
100 g Doppelrahmfrischkäse
1–2 EL Nuss-Nugat-Creme
2 EL Schokoraspel

Außerdem:
Backpapier

Zubereitungszeit:
ca. 35 Minuten
+ ca. 12 Minuten Backen

1. Den Backofen auf 200 °C vorheizen. Ein Backblech mit Backpapier belegen.

2. Butter, Zucker, Salz, Vanille und Ei in eine Rührschüssel geben und mit den Quirlen des Handmixers schaumig rühren. Die Milch unterrühren. Mehl und Backpulver dazugeben und nur kurz untermischen.

3. Den Teig mithilfe von zwei Teelöffeln in etwa walnussgroßen Häufchen aufs Backblech setzen: Mit einem Löffel etwas Teig aus der Schüssel nehmen und mit dem anderen auf das Backblech abstreifen. Abstand halten, denn der Teig läuft beim Backen auseinander. Den Teig mit den Fingern noch leicht glatt drücken und in eine runde Form bringen. Das Backblech achtsam auf der mittleren Schiene in den Ofen schieben und die Teigkreise etwa 12 Minuten backen.

4. Das Backblech vorsichtig mit Topfhandschuhen oder großen Topflappen aus dem Ofen nehmen und die Teigkreise abkühlen lassen.

5. Für die Füllung den Frischkäse mit der Nuss-Nugat-Creme in eine Rührschüssel geben und mit den Quirlen des Handmixers cremig rühren, dann die Schokoraspel kurz unterheben. Die Hälfte der Whoopies auf der glatten Seite mit der Creme bestreichen. Die übrigen Whoopies mit der Wölbung nach oben auf die Creme setzen.

Der Kuchen löst sich später leichter aus der Form, wenn du die gefettete Backform etwa 10 Minuten in den Kühlschrank stellst, bevor du den Teig einfüllst. Dabei wird die Butter hart und sorgt für eine bessere Trennung zwischen Teig und Form.

Marmorkuchen

Für 1 Gugelhupfform
mit 20 cm Durchmesser:

weiche Butter für die Form
5 Eier
300 g weiche Butter
200 g Zucker
300 g Mehl
2 EL ungezuckertes Kakaopulver
5 EL Milch
250 g Kuvertüre-Chips (Vollmilch oder Zartbitter)

Zubereitungszeit:
ca. 30 Minuten
+ ca. 50 Minuten Backen

1. Den Backofen auf 180 °C vorheizen. Die Backform mit Butter einpinseln.

2. Die Eier trennen (siehe Seite 18). Die Eiweiße mit den Quirlen des Handmixers zu steifem Schnee schlagen. Die Eigelbe mit Butter und Zucker mit den Quirlen des Handmixers dickschaumig aufschlagen. Das Mehl und den Eischnee nur kurz unter die Eigelbmasse rühren.

3. Die Hälfte des Teigs in die Backform füllen. Kakaopulver und Milch unter den restlichen Teig rühren. Die dunkle Masse auf die helle in die Form füllen. Beide Schichten mit einer Gabel von oben nach unten einmal rundherum spiralförmig vermischen – so entsteht ein Marmormuster. Die Backform achtsam auf der mittleren Schiene in den Ofen schieben. Etwa 50 Minuten backen, dann die Stäbchenprobe machen (siehe Seite 19). Vorsichtig mit Topfhandschuhen oder großen Topflappen aus dem Ofen nehmen und abkühlen lassen.

4. Die Kuvertüre-Chips in einer Schüssel über dem warmen Wasserbad langsam schmelzen lassen (siehe Seite 68). Darauf achten, dass die Kuvertüre nicht zu heiß wird, sonst klumpt sie. Den Kuchen gleichmäßig mit der Kuvertüre überziehen. Das geht am besten, wenn du den Guss vorsichtig oben rundherum über den Kuchen gießt und an den Seiten herunterfließen lässt. Den Guss fest werden lassen.

Im Märchen hat Schneewittchen Haut so weiß wie Schnee, Lippen so rot wie Blut und Haare so schwarz wie Ebenholz. Und diese Farben haben auch die Rezeptzutaten.

Schneewittchenkuchen im Glas

Für 4 Gläser:

300 g Sauerkirschen aus dem Glas
200 g Sahne
250 g Magerquark
4 EL Milch
30 g Puderzucker (2 gehäufte EL)
200 g Schokoladenkuchen (Reste von Schokokuchen oder Schokomuffins)
Schokoraspel zum Bestreuen

Zubereitungszeit:
ca. 25 Minuten

1. Die Kirschen aus dem Glas in ein Sieb gießen, dabei den Saft in einer Schüssel auffangen.

2. Die Sahne mit den Quirlen des Handmixers steif schlagen. Sofort aufhören, wenn sie fest ist. Wenn man Sahne zu lange schlägt, wird sie wieder flüssig und klumpt.

3. Den Quark in eine Schüssel geben, mit Milch und Puderzucker mit den Quirlen des Handmixers zu einer glatten Creme verrühren und die geschlagene Sahne untermischen.

4. Die Gläser bereitstellen. Den Schokokuchen mit den Fingern in die Gläser zerbröseln.

5. Die Kuchenbrösel mit jeweils 2 EL Kirschsaft beträufeln. Die Kirschen in die Gläser füllen. Die Sahne-Quark-Creme darüber verteilen. Mit Schokoraspeln bestreuen und in die Mitte nach Belieben noch eine Kirsche setzen.

Heidelbeer-Dreiecke

Für 1 rechteckige Backform
mit 35 x 23 cm:

weiche Butter für die Form
300 g Heidelbeeren
(frisch oder tiefgekühlt)
200 g weiche Butter
4 Eier
120 g Zucker
1 Röhrchen Vanillearoma oder
1 TL Vanillepaste
100 g Haferflocken
200 g Mehl
1 EL Backpulver
Puderzucker zum Bestäuben
(nach Belieben)

Zubereitungszeit:
ca. 25 Minuten
+ ca. 35 Minuten Backen

1. Den Backofen auf 180 °C vorheizen. Die Backform mit Butter einpinseln.

2. Die frischen Heidelbeeren verlesen, waschen und trocken tupfen. Tiefkühlfrüchte nur leicht antauen lassen.

3. Butter, Eier, Zucker und Vanille in eine Rührschüssel geben und mit den Quirlen des Handmixers schaumig rühren. Die Haferflocken untermischen, das Mehl und das Backpulver nur kurz unterrühren, dann die Heidelbeeren vorsichtig unterheben.

4. Den Teig in die Backform füllen und achtsam auf der mittleren Schiene in den Backofen schieben. Etwa 35 Minuten backen, dann die Stäbchenprobe machen (siehe Seite 19).

5. Die Backform vorsichtig mit Topfhandschuhen oder großen Topflappen aus dem Ofen nehmen und abkühlen lassen.

6. Den Kuchen erst in Quadrate, dann in Dreiecke schneiden und nach Belieben mit Puderzucker bestäuben.

Die Heidelbeer-Dreiecke kannst du auch auf einem Backblech zubereiten, dann werden sie aber flacher, und die Backzeit verkürzt sich um etwa 5 bis 10 Minuten.

Apfelmus-Muffins

Für 1 Muffinform
mit 12 Mulden:

3 Eier
150 g weiche Butter
80 g Zucker
1 TL Zimtpulver
200 g Apfelmus
50 g gehackte Mandeln
200 g Mehl
½ Päckchen Backpulver (8 g)
gehackte Mandeln zum Bestreuen

Außerdem:
12 Papierbackförmchen

Zubereitungszeit:
ca. 30 Minuten
+ ca. 20 Minuten Backen

1. Die Mulden der Muffinform mit Papierbackförmchen auskleiden. Den Backofen auf 180 °C vorheizen.

2. Eier, Butter, Zucker und Zimt in eine Rührschüssel geben und mit den Quirlen des Handmixers schaumig rühren. Apfelmus und Mandeln dazugeben und kurz untermischen. Mehl und Backpulver hinzufügen und nur so lang wie nötig unterrühren.

3. Den Teig mit einem Löffel in die Papierbackförmchen füllen und mit gehackten Mandeln bestreuen. Die Muffinform achtsam auf der mittleren Schiene in den Ofen schieben. Die Muffins etwa 20 Minuten backen, dann die Stäbchenprobe machen (siehe Seite 19).

4. Vorsichtig mit Topfhandschuhen oder großen Topflappen aus dem Ofen nehmen und abkühlen lassen.

Genau das Richtige, wenn wir uns mal wieder beim Sport ausgepowert haben. Oder wenn man bei den Hausaufgaben nicht mehr richtig denken kann. Banane, Haferflocken, Mandeln und Honig bringen Muskeln und Gehirnzellen wieder in Schwung.

Juris Powerhappen

Für 14 Stück:

2 Bananen
2 EL Honig
100 g feine Haferflocken
50 g gehackte Mandeln
30 g Sesamsamen
14 Soft-Cranberrys

Außerdem:
Backpapier

Zubereitungszeit:
ca. 20 Minuten
+ ca. 20 Minuten Backen

1. Den Backofen auf 180 °C vorheizen. Ein Backblech mit Backpapier belegen.

2. Die Bananen schälen und auf einem Teller mit einer Gabel zu feinem Mus zerdrücken. Den Honig untermischen. Das Mus in eine Schüssel umfüllen.

3. Haferflocken, Mandeln und Sesamsamen dazugeben und alles mit der Gabel gründlich vermischen. Mit einem Löffel esslöffelgroße Häufchen abnehmen und auf das Backblech setzen. Die Häufchen mit den Fingern gleichmäßig glatt drücken und in eine runde Form bringen. Je 1 Soft-Cranberry in die Mitte drücken. Das Blech achtsam auf der mittleren Schiene in den Ofen schieben und die Kekse etwa 20 Minuten backen.

4. Das Blech vorsichtig mit Topfhandschuhen oder großen Topflappen aus dem Ofen nehmen. Die Powerhappen abkühlen lassen und in einer Gebäckdose aufbewahren.

Aprikosen-Heidelbeer-Crumble

Für 1 Backform
mit 30 cm Durchmesser:

500 g Aprikosen
150 g Heidelbeeren
125 g Butter
125 g Zucker
200 g Mehl
¼ TL Zimtpulver

Zubereitungszeit:
ca. 20 Minuten
+ ca. 25 Minuten Backen

1. Den Ofen auf 200 °C vorheizen. Die Aprikosen waschen, halbieren und die Steine herauslösen. Die Heidelbeeren verlesen, waschen und abtropfen lassen. Die Aprikosenhälften nebeneinander in die Backform legen. Die Heidelbeeren gleichmäßig zwischen den Aprikosen verteilen.

2. Die Butter in Stücke schneiden. Mit Zucker, Mehl und Zimt in eine Schüssel geben und mit den Fingern zu etwa haselnussgroßen Streuseln verkneten. Die Streusel gleichmäßig auf den Früchten verteilen. Die Form achtsam auf der mittleren Schiene in den Ofen schieben. Etwa 25 Minuten backen, bis die Streusel schön goldbraun sind.

3. Die Form vorsichtig mit Topfhandschuhen oder großen Topflappen aus dem Ofen holen. Warm, am besten mit einer Kugel Vanilleeis, genießen.

Satt Aprikosen schmecken auch Äpfel, Birnen, Mangos und Zwetschgen sehr lecker mit den Streuseln. Im Winter kannst du auch Tiefkühlfrüchte verwenden. Die Blaubeeren lässt du dann lieber weg, Tiefkühlbeeren oder Beeren aus dem Glas werden schnell matschig.

Extra fruchtig wird der Kuchen mit einer Zitronenglasur. Wie du die herstellst, erfährst du auf Seite 69. Den Guss in die Mitte der Kuchenwölbung gießen, gleichmäßig mit einem Messer auf der Oberfläche verteilen und an den Seiten einfach herunterlaufen lassen.

Zitronenkuchen

Für 1 Kastenform
mit 25 cm Länge:

weiche Butter für die Form
Mandelblättchen zum
Ausstreuen der Form
5 Eier
250 g weiche Butter
140 g Zucker
150 ml Zitronensaft
(am besten frisch gepresst)
220 g Mehl
50 g Speisestärke
1 Päckchen Backpulver
Puderzucker zum Bestäuben

Zubereitungszeit:
ca. 25 Minuten
+ ca. 50 Minuten Backen

1. Den Backofen auf 180 °C vorheizen. Die Backform mit weicher Butter einpinseln und mit Mandelblättchen ausstreuen.

2. Die Eier trennen (siehe Seite 18). Die Eiweiße in einer Rührschüssel mit den Quirlen des Handmixers zu steifem Schnee schlagen. Die Eigelbe mit Butter und Zucker in eine zweite Schüssel geben. Mit den Rührquirlen des Handmixers schaumig rühren. Den Zitronensaft untermischen. Mehl, Speisestärke, Backpulver und Eischnee dazugeben und alles nur kurz unterrühren.

3. Den Teig in die Kastenform füllen und achtsam auf der mittleren Schiene in den Backofen schieben. Etwa 50 Minuten backen, dann die Stäbchenprobe machen (siehe Seite 19).

4. Den Kuchen vorsichtig mit Topfhandschuhen oder großen Topflappen aus dem Ofen nehmen. Etwas abkühlen lassen, dann aus der Form stürzen. Vor dem Servieren mit Puderzucker bestäuben oder mit Zuckerguss begießen (siehe Tipp).

Süße Spezialitäten aus der Heimat der magischen Tiere

ANDERE LÄNDER, ANDERE KUCHEN

Bei uns in England isst man Scones, die leckeren Milchbrötchen, mit Clotted Cream und Marmelade, zum Afternoon Tea, zum Tee am Nachmittag.

Scones aus England

Zutaten für 10 Stück:

250 g Mehl
1 Päckchen Backpulver
¼ TL Salz
30 g Zucker
70 g Butter
150 ml Milch
Mehl zum Ausrollen

Außerdem:
Backpapier
runder Ausstecher
(ca. 6 cm Durchmesser)

Zubereitungszeit:
ca. 20 Minuten
+ ca. 18 Minuten Backen

1. Den Backofen auf 190 °C vorheizen. Das Backblech mit Backpapier belegen.

2. Mehl, Backpulver, Salz und Zucker in einer Rührschüssel vermischen. Die Butter in kleine Würfel schneiden, zum Mehl geben und mit den Knethaken des Handmixers etwa 2 Minuten verkneten. Die Milch dazugießen und alles zu einem glatten Teig verkneten.

3. Den Teig rundherum mit Mehl bestäuben und, am besten zwischen zwei Lagen Backpapier, etwa 2 cm dick ausrollen. Entweder mit einem runden Ausstecher oder mit dem Rand eines Bechers oder Trinkglases Kreise ausstechen. Die Teigreste immer nur kurz zusammenkneten, wieder ausrollen und ausstechen. Den Teig aufs Backblech legen und achtsam auf der mittleren Schiene in den Ofen schieben. Etwa 18 Minuten goldgelb backen.

4. Das Blech mit Topfhandschuhen oder großen Topflappen vorsichtig aus dem Ofen holen. Warm, mit Frischkäse oder Butter und Marmelade, schmecken Scones am besten. Du möchtest Scones typisch englisch mit „Clotted Cream“ probieren? Manchmal bekommt man den traditionellen Aufstrich aus gekochter Sahne auch bei uns im Supermarkt.

New York Cheesecake aus Amerika

Für 1 Springform
mit 26 cm Durchmesser:

200 g Haferkekse
75 g Butter
600 g Doppelrahmfrischkäse
300 g saure Sahne
3 Eier
150 g Zucker
30 g Speisestärke
2 Fläschchen Vanillearoma
oder 2 TL Vanillepaste

Zubereitung:
ca. 40 Minuten
+ ca. 55 Minuten Backen

1. Den Ofen auf 170 °C vorheizen. Die Kekse in einen Gefrierbeutel füllen, mit einem Clip verschließen und mit dem Nudelholz oder durch festes Drücken mit den Handflächen fein zerbröseln. Die Kekskrümel in eine Schüssel füllen.

2. Die Butter bei schwacher Hitze zerlassen. Nicht kochen, sonst spritzt sie und du kannst dich verbrennen. Den Boden der Backform mit 1 EL zerlassener Butter einpinseln.

3. Die restliche Butter zu den Kekskrümeln gießen und alles mit einem Löffel vermischen. Die Krümelmasse gleichmäßig in die Springform füllen. Mit den Handflächen festdrücken.

4. Den Frischkäse mit saurer Sahne und Eiern in eine Schüssel geben. Zucker, Speisestärke und Vanille dazugeben. Alles mit den Quirlen des Handmixers etwa 1 Minute zu einer glatten Masse verrühren. Die Masse auf den Kekskrümelboden gießen und den Kuchen achtsam auf der mittleren Schiene in den Backofen schieben. Etwa 55 Minuten backen.

5. Den Ofen ausschalten. Die Ofentür, wenn möglich, einen Spalt breit öffnen und den Kuchen etwa 15 Minuten im Ofen lassen, damit er nicht so sehr zusammenfällt. Vorsichtig mit Topfhandschuhen oder großen Topflappen herausnehmen und abkühlen lassen. Der Cheesecake schmeckt besonders lecker, wenn man ihn noch 2 bis 3 Stunden kalt stellt. Wer mag, dekoriert den Kuchen mit leicht gezuckerten oder eingekochten Heidelbeeren!

Ich war schon mal in New York,
wo dieser Käsekuchen erfunden wurde.
New York Cheesecake, wie er deswegen
heißt, wird nicht mit Quark, sondern mit
Frischkäse gemacht. Er ist etwas fester als
deutscher Käsekuchen und der Boden
besteht aus Kekskrümeln.

Dansk Wienerbrød ist ein beliebtes Plundergebäck aus meiner dänischen Heimat. Plunder ist ein spezieller Blätterteig mit Hefe. Der ist aber sehr aufwendig selbst zu machen und der Blätterteig, den es schon fertig zu kaufen gibt, schmeckt genauso gut.

Dansk Wienerbrød aus Dänemark

Für 6 Stück:

1 Packung Blätterteig aus dem Kühlregal (ca. 280 g)
6 TL Aprikosenkonfitüre
300 ml Milch
1 Päckchen Puddingpulver Bourbon-Vanille
2 EL Zucker
6 Aprikosenhälften (frisch oder aus der Dose)

Außerdem:
Backpapier

Zubereitungszeit:
ca. 25 Minuten
+ ca. 20 Minuten Backen

1. Den Backofen auf 200 °C vorheizen. Das Backblech mit Backpapier belegen.

2. Den Blätterteig aus der Verpackung nehmen und auseinanderrollen. Den Teig in etwa 13 cm große Quadrate schneiden und gleichmäßig mit Konfitüre bestreichen. Von jedem Quadrat alle 4 Teigecken jeweils zur Mitte klappen – die Konfitüre ist jetzt nicht mehr zu sehen.

3. In einer kleinen Schüssel etwa 3 EL Milch mit dem Puddingpulver und dem Zucker glatt rühren. Die restliche Milch in einem hohen Topf zum Kochen bringen. Den Herd ausschalten. Den Topf von der Herdplatte nehmen und das vermischte Puddingpulver mit einem Schneebesen unterrühren. Den Topf nochmal kurz auf die heiße Platte stellen. Den Pudding mit der Restwärme etwa 1 Minute köcheln lassen, dabei ständig rühren. Vorsicht, der Pudding kann hochspritzen!

4. Je 2 EL Pudding in die Mitte der Quadrate geben. Übrigen Pudding wegnaschen! Auf jeden Puddingklecks 1 Aprikosenhälfte setzen. Das Backblech achtsam auf der mittleren Schiene in den Backofen schieben. Etwa 20 Minuten backen.

5. Das Blech mit Topfhandschuhen oder großen Topflappen vorsichtig aus dem Ofen nehmen. Die Blätterteigteilchen schmecken lauwarm besonders lecker.

Chokoladeboller aus Norwegen

Für 16 Stück:

300 ml Milch
100 g Butter
700 g Mehl
2 Päckchen Trockenhefe
¼ TL Salz
50 g Zucker
1 TL Kardamompulver
3 Eier
150 g Schokotropfen
weiche Butter für die Form
Mehl zum Arbeiten
Milch und Zucker
zum Bepinseln

Zubereitungszeit:
ca. 25 Minuten
+ ca. 2½ Stunden Ruhen
+ ca. 20 Minuten Backen

1. Die Milch in einem Topf nur lauwarm erhitzen, nicht kochen lassen. Sobald etwas Dampf aufsteigt, den Topf von der Herdplatte nehmen. Die Butter in Stücke schneiden, dazugeben und in der Milch weich werden lassen.

2. Mehl, Hefe, Salz, Zucker, Kardamom und Eier in eine Schüssel geben. Die Milch mit der Butter dazugießen. Alles mit den Knethaken des Handmixers zu einem geschmeidigen Teig verkneten. Lege dafür ein feuchtes Tuch unter die Schüssel, damit sie beim Kneten nicht rutscht. Fällt dir das Kneten vom zähen Teig zu schwer, lass dir von einem Erwachsenen helfen. Hefeteig ist fertig geknetet, wenn er an der Schüssel nicht mehr kleben bleibt. Die Schüssel mit einem sauberen Tuch abdecken. Den Teig etwa 2 Stunden an einem warmen Ort ruhen lassen.

3. Den Ofen auf 200 °C vorheizen. Die Schokotropfen zum Teig geben und alles nochmal kräftig mit den Händen durchkneten. Eine eckige Auflaufform mit weicher Butter einpinseln. Ein großes Brett mit etwas Mehl bestreuen. Den Teig darauflegen, im Mehl wenden und in 4 gleich große Stücke teilen. Aus jedem Viertel 3 kleine runde Brötchen formen und dicht aneinander in die Auflaufform setzen.

4. In einem Becher 2 EL Milch und ½ TL Zucker verrühren. Die Boller damit bepinseln. Die Form achtsam auf der mittleren Schiene in den Backofen schieben. Etwa 20 Minuten backen.

5. Die Auflaufform mit Topfhandschuhen oder großen Topflappen vorsichtig aus dem Ofen holen. Die Chokoladeboller am besten lauwarm genießen.

Chokoladeboller sind Schokobrötchen. In Norwegen gibt es ganz viele Sorten Boller, zum Beispiel mit Safran, Zimt oder Rosinen. In den Teig kommt immer Kardamom, ein Gewürz, das ein wenig süß, fruchtig und scharf schmeckt. Ich finde Gebäck mit Kardamom besonders köstlich.

In meiner griechischen Heimat isst man Bougatsa meist zum Frühstück oder als Dessert. Die leckeren Grießschnitten gibt es dort in jeder Bäckerei. Man wird dann gefragt, ob man sie mit Puderzucker oder Zimtzucker bestreut haben möchte.

Bougatsa aus Griechenland

Für 8 Stück:

2 Eier
30 g Zucker
1 Päckchen Vanillezucker
1 EL Speisestärke
½ l Milch
70 g Hartweizengrieß
2 EL Zitronensaft
1 Packung Blätterteig aus der Kühltheke (ca. 280 g)
Puderzucker zum Bestäuben

Außerdem:
Backpapier

Zubereitungszeit:
ca. 25 Minuten
+ ca. 25 Minuten Backen

1. Den Backofen auf 200 °C vorheizen. In einer kleinen Schüssel Eier, Zucker, Vanillezucker und Speisestärke mit einem Schneebesen verquirlen. Es dürfen danach keine Klümpchen mehr zu sehen sein.

2. Die Milch in einem hohen Topf zum Kochen bringen. Sobald sich erste Bläschen bilden, den Grieß mit einem Schneebesen unterrühren. Den Topf sofort von der Herdplatte nehmen, sonst spritzt der heiße Grieß heraus und du kannst dich verbrennen. Die Eiermasse und den Zitronensaft mit dem Schneebesen unter den Grieß rühren.

3. Den Blätterteig auf einem Bogen Backpapier auseinanderrollen und die Hälfte in die Form legen. Die Grießmasse darauf verteilen und die andere Blätterteighälfte darüberklappen. Das obere Backpapier abziehen und abschneiden. Den Grieß unter dem Blätterteig mit den Händen vorsichtig gleichmäßig glatt drücken. Die offenen Teigseiten etwas hochrollen und fest zusammendrücken, damit die Füllung beim Backen nicht auslaufen kann. Die Form achtsam auf der mittleren Schiene in den Ofen schieben und etwa 25 Minuten backen.

4. Die Form vorsichtig mit Topfhandschuhen oder großen Topflappen aus dem Ofen nehmen und etwas abkühlen lassen. Den Blätterteig mit Puderzucker bestäuben und mit einem großen Messer in Stücke schneiden.

Mmh, Butterkuchen – kommt gleich hinter Leckerlis! Ronja mag Hefeteig auch gerne mit Streuseln und lässt dafür den Mandelbelag weg. Wie die Streusel gehen? 300 g Mehl, 160 g Zucker und 180 g Butter in einer Schüssel so lange zwischen den Fingern verkneten, bis dicke Streusel entstehen.

Butterkuchen aus Deutschland

Für ca. 20 Stücke:

¼ l Milch
125 g weiche Butter
500 g Mehl
2 Päckchen Trockenhefe
80 g Zucker
1 Ei

Für den Belag:
75 g kalte Butter
130 g Mandelblättchen
70 g Zucker
150 g Sahne

Außerdem:
Backpapier

Zubereitungszeit:
ca. 35 Minuten
+ ca. 1 Stunde 20 Minuten Ruhen
+ 20–25 Minuten Backen

1. Die Milch in einem Topf nur lauwarm erhitzen, nicht kochen lassen. Sobald etwas Dampf aufsteigt, den Topf von der Herdplatte nehmen. Die Butter in Stücke schneiden, dazugeben und in der Milch weich werden lassen.

2. Mehl, Hefe, Zucker und Ei in eine Schüssel geben. Die Milch mit der Butter dazugießen. Alles mit den Knethaken des Handmixers zu einem geschmeidigen Teig kneten. Lege dafür ein feuchtes Tuch unter die Schüssel, damit sie beim Kneten nicht rutscht. Fällt dir das Kneten vom zähen Teig zu schwer, lass dir von einem Erwachsenen helfen. Die Schüssel mit einem sauberen Tuch abdecken. Den Teig mindestens 1 Stunde an einem warmen Ort ruhen lassen.

3. Den Ofen auf 180 °C vorheizen. Das Backblech mit Backpapier belegen. Den Hefeteig noch einmal mit den Händen durchkneten, auf das Backpapier legen und mit dem Teigroller in Größe des Blechs ausrollen. Die Ränder mit den Händen in Form ziehen. Mit den Fingern alle paar Zentimter Mulden für die Butter in den Teig drücken.

4. Für den Belag die Butter in kleine Stückchen schneiden und auf den Mulden verteilen. Erst die Mandelblättchen, dann den Zucker gleichmäßig darüberstreuen. Nochmal etwa 20 Minuten ruhen lassen. Den Kuchen achtsam auf der mittleren Schiene in den Backofen schieben und 20 bis 25 Minuten backen, dann die Garprobe machen (siehe Seite 19).

5. Mit Topflappen vorsichtig aus dem Ofen holen. Die flüssige Sahne gleichmäßig über den heißen Kuchen gießen. Etwas abkühlen lassen, in Stücke schneiden und warm genießen.

Minced Pies aus Australien

Für 1 Muffinform
mit 12 Mulden:

weiche Butter für die Form
300 g Mehl
200 g weiche Butter
80 g Zucker
Puderzucker zum Bestäuben

Für die Füllung:
1 Apfel
100 g Cranberrys
100 g Rosinen
50 g Zitronat
100 ml Apfelsaft
1 TL Zimtpulver
1/3 TL Ingwerpulver
1/3 TL Nelkenpulver
50 g gehackte Mandeln

Außerdem:
Backpapier
runder Ausstecher (9 cm Durchmesser), Stern-Ausstecher

Zubereitungszeit:
ca. 60 Minuten
+ ca. 30 Minuten Kühlen
+ ca. 25 Minuten Backen

1. Die Muffinform mit weicher Butter gründlich einpinseln. Mehl, Butter, Zucker und 2 EL Wasser in eine Rührschüssel geben. Alles mit den Knethaken des Handmixers zu einem glatten Teig verkneten. Den Teig zu einer Platte formen und etwa 30 Minuten in den Kühlschrank legen.

2. Inzwischen für die Füllung den Apfel vierteln, schälen und das Kerngehäuse wegschneiden. Das Fruchtfleisch in kleine Würfel schneiden und in einen Topf geben. Cranberrys, Rosinen, Zitronat, Apfelsaft, Zimt, Ingwer und Nelke dazugeben. Alles mit einem Löffel verrühren und etwa 20 Minuten köcheln lassen. Zuletzt die Mandeln unterheben.

3. Den Backofen auf 180 °C vorheizen. Den Teig zwischen zwei Lagen Backpapier etwa 3 mm dick ausrollen und das obere Papier abziehen. Mit einem Ausstecher oder mit dem Rand eines Glases aus dem Teig 12 Kreise ausstechen. Die Teigreste immer wieder zusammenkneten. Falls der Teig am Backpapier klebt, vor dem Ausrollen mit etwas Mehl bestäuben. Die Teigkreise in die Mulden der Muffinform legen. Die warme Früchtemischung einfüllen.

4. Aus dem restlichen Teig kleine Sternchen ausstechen und auf die Füllung setzen. Die Form achtsam auf der mittleren Schiene in den Ofen schieben und etwa 25 Minuten backen.

5. Das Blech mit Topfhandschuhen oder großen Topflappen vorsichtig aus dem Ofen holen. Die Törtchen ganz abkühlen lassen, sonst brechen sie beim Herausnehmen auseinander. Dann vorsichtig aus den Mulden lösen und mit Puderzucker bestäuben.

Minced Pies sind kleine Törtchen („pies") mit gehackter („minced") Füllung. Sie sind bei uns besonders zu Weihnachten beliebt. Finja backt sie mir ab und zu, wenn ich Heimweh bekomme.

Banana Bread aus Afrika

Für 1 Kastenform
mit 25 cm Länge:

weiche Butter für die Form
Kokosraspel zum Ausstreuen
3 reife Bananen
1 Vanilleschote (ersatzweise 1 TL Vanillepaste oder Vanillezucker)
250 g weiche Butter
130 g Zucker
1 Prise Salz
4 Eier
270 g Mehl
1 Päckchen Backpulver

Zubereitungszeit:
ca. 25 Minuten
+ ca. 50 Minuten Backen

1. Den Ofen auf 180 °C vorheizen. Die Kastenform mit weicher Butter einpinseln und mit Kokosraspeln ausstreuen.

2. Die Bananen schälen und das Fruchtfleisch auf einem Teller mit der Gabel zu feinem Mus zerdrücken.

3. Die Vanilleschote längs aufschlitzen und das Mark mit einem spitzen Messer herauskratzen. Butter, Vanille, Zucker, Salz und Eier in eine Rührschüssel geben. Alles mit den Quirlen des Handmixers etwa 3 Minuten verquirlen. Das Bananenmus untermischen. Mehl und Backpulver dazugeben und nur kurz unterrühren, bis keine Mehlspuren mehr zu sehen sind. Den Teig in die Kastenform füllen und achtsam auf der mittleren Schiene in den Ofen schieben. Etwa 50 Minuten backen, dann die Stäbchenprobe machen (siehe Seite 19).

4. Den Kuchen vorsichtig mit Topfhandschuhen oder großen Topflappen aus dem Ofen holen und kurz abkühlen lassen. Mit einem Kuchenlöser vorsichtig die Ränder lösen und den Kuchen aus der Form stürzen.

Afrika ist ein Kontinent mit 55 Ländern und oft unterschiedlichsten Essgewohnheiten. Bananenbrot mag man dort überall gerne.

Pain au chocolat aus Frankreich

Für 6 Stück:

250 g frischer Croissantteig aus der Kühltheke
½ Tafel Vollmilch- oder Zartbitterschokolade (50 g)
2 EL Milch zum Bepinseln

Außerdem:
Backpapier

Zubereitungszeit:
ca. 10 Minuten
+ ca. 12 Minuten Backen

1. Den Backofen auf 200 °C vorheizen. Ein Backblech mit Backpapier belegen.

2. Den Teig aus der Packung nehmen und auseinanderrollen. Jetzt liegt ein Teigband mit 6 markierten Dreiecken auf der Arbeitsfläche. Jeweils 2 Dreiecke bilden ein Rechteck und die werden jetzt von den nächsten zusammenhängenden Dreiecken getrennt. So entstehen 3 Rechtecke. Die Trennlinien, die zwischen zwei Dreiecken sichtbar sind, mit den Fingern fest zusammendrücken, sodass eine durchgehende Teigfläche ohne Löcher entsteht. Jedes Rechteck mit einem Messer längs halbieren und auf das Backblech legen.

3. Die Schokolade in drei Rippen teilen. Jede Rippe längs mit einem scharfen Messer halbieren. Die 6 langen Riegel dann quer halbieren, sodass 12 kurze Schokostücke entstehen. Jeweils 1 Schokostück unten auf die kurze Seite des Teigs setzen, den Teig einmal darüberschlagen. Das zweite Stück Schokolade direkt hinter das eingehüllte erste Stück legen. Den Teig über das zweite Schokostück schlagen und bis zum Ende aufrollen. Mit der Schnittfläche nach unten aufs Backblech setzen. Alle Teigstücke auf diese Weise füllen.

4. Das Schokoladenbrot jeweils mit etwas Milch bepinseln. Das Blech achtsam auf der mittleren Schiene in den Backofen schieben und etwa 12 Minuten goldbraun backen.

5. Das Blech vorsichtig mit Topfhandschuhen oder großen Topflappen aus dem Ofen nehmen. Das Schokoladenbrot lauwarm abkühlen lassen und genießen.

Pain au chocolat, Schokoladenbrot, ist in Frankreich bei Kindern noch beliebter als Croissants. Natürlich kannst du auch die Dreiecke vom Fertigteig abtrennen und Croissants backen. Und wenn Du keinen Croissantteig bekommst, nimmst du einfach Blätterteig!

FÜR PARTYS UND FESTE

Tipps für eine schöne Verzierung

Du siehst einen tollen Kuchen für die nächste Feier, hast aber Bedenken, dass er bei dir nicht so aussehen wird wie auf dem Foto? Mit ein paar Tipps und Tricks ist es gar nicht so schwer, Kuchen und Gebäck ansprechend zu verzieren.

1

Mit Kuvertüre überziehen

Kuvertüre enthält mehr Kakaobutter als Schokolade, schmilzt besonders gut und ist deshalb zum Überziehen von Gebäck die bessere Wahl. Es gibt sie in Weiß, Vollmilch, Zartbitter und Ruby – das ist eine rosafarbene Kuvertüre von einer speziellen Kakaobohne. Kuvertüre im Block musst du vor dem Schmelzen mit einem Messer zerkleinern. Weil sie sehr hart ist, lass dir dabei helfen.

In unseren Rezepten nehmen wir deshalb Kuvertüre-Chips, die sind schon zerkleinert. Weil Kuvertüre klumpt, wenn sie zu heiß wird, lässt man sie im Wasserbad schmelzen. Dafür hängt man eine Schüssel mit den Kuvertürestückchen in einen Topf mit heißem Wasser (FOTO 1). Das Wasser soll nur leicht sieden und du musst die Kuvertüre immer mal wieder umrühren.

2

Schön gleichmäßig wird die Oberfläche, wenn du die Kuvertüre mittig auf das Gebäck gießt oder löffelst und dann von dort aus mit einer Palette oder einem langen Messer glatt streichst (FOTO 2). Die Kuvertüre läuft dabei über die Ränder und du kannst sie zuletzt auch dort rundherum verstreichen. Wer mag, kann die feuchte Kuvertüre noch mit Zuckerdekor, Streuseln oder gehackten Nüssen bestreuen.

Mit Zuckerguss überziehen

Egal ob für Kuchen, Torten, Kleingebäck oder Plätzchen: Bei Zuckerguss ist die richtige Konsistenz entscheidend. Sie soll dick und zähflüssig sein, damit sich der Guss gut verteilen lässt und auf der Oberfläche eine feste Schicht bildet.

Auf 200 g Puderzucker brauchst du etwa 4 EL Zitronensaft oder Wasser. Die Flüssigkeit immer löffelweise unterrühren. Ist der Guss zu zäh, einen Löffel mehr unterrühren, ist er zu flüssig, etwas Puderzucker dazugeben. Zuckerguss kannst du mit Speisefarbe in deiner Lieblingsfarbe einfärben (FOTO 3).

Zuckerguss immer mittig auf das Gebäck löffeln und von dort aus mit einer Palette glatt streichen (FOTO 4). Der Guss läuft dabei über die Ränder und wird, sobald die Oberfläche schön glatt ist, auch dort rundherum verstrichen. Wer mag, kann den feuchten Guss noch mit Zuckerdekor bestreuen. Bevor du das Gebäck bewegst, muss der Guss vollständig trocken sein, sonst gibt es Risse.

Spritzbeutel für feine Linien

Um Gebäck zu beschriften oder zu verzieren, kann man Zuckerguss oder Kuvertüre in einen kleinen Gefrierbeutel füllen und in eine Ecke laufen lassen. Eine ganz winzige Spitze abschneiden und prüfen, ob die Linien die richtige Stärke haben. Sonst die Spitze nachschneiden. Die trockene Gebäckoberfläche verzieren, indem du den Inhalt des Spritzbeutels sanft herausdrückst (FOTO 5).

Wünsch-dir-was-Kuchen

Für 1 Springform mit 26 cm Durchmesser:

weiche Butter und Mandelblättchen für die Form
2 Dosen Mandarinen (à 175 g Abtropfgewicht)
4 Eier
250 g weiche Butter
200 g Zucker
200 g saure Sahne
300 g Mehl
100 g Speisestärke
1 Päckchen Backpulver

Für Guss und Sterne:

300 g weiße Kuvertüre-Chips
Zuckerstreusel
Dekor-Fondant in Rosa und Rot (je etwa 100 g)

Außerdem:

Stern-Ausstecher
Cakepop-Stiele

Zubereitungszeit:
ca. 55 Minuten
+ ca. 50 Minuten Backen

1. Den Ofen auf 180 °C vorheizen. Die Springform mit Butter einpinseln, nur den Boden mit Mandelblättchen ausstreuen. Die Mandarinen in einem Sieb abtropfen lassen.

2. Eier, Butter und Zucker in eine Rührschüssel geben und mit den Quirlen des Handmixers schaumig schlagen. Saure Sahne und Mandarinen untermischen, die Früchte dürfen dabei zerfallen. Mehl, Speisestärke und Backpulver dazugeben und nur kurz unterrühren. Den Teig in die Springform füllen. Achtsam auf der mittleren Schiene in den Ofen schieben. Etwa 50 Minuten backen, dann die Stäbchenpobe machen (Seite 19). Den Kuchen vorsichtig mit Topfhandschuhen oder großen Topflappen aus dem Ofen nehmen. Abkühlen lassen.

3. Die Kuvertüre-Chips in einer Schüssel über dem Wasserbad langsam schmelzen (siehe Seite 68). Immer wieder umrühren. Die Kuvertüre darf nicht zu heiß werden, sonst klumpt sie.

4. Die Kuvertüre auf die Kuchenmitte gießen und mit einem langen Messer oder einer Palette zu allen Seiten verteilen. Den Kuchen mit Streuseln bestreuen. Die Kuvertüre etwas antrocknen lassen.

5. Inzwischen den Fondant ausrollen und Sterne in verschiedenen Größen ausstechen. Mit Streuseln bestreuen und etwas festdrücken. Einige Sterne auf die noch feuchte Kuvertüre drücken. Die übrigen Sterne auf Cakepop-Stiele spießen und in den Kuchen stecken. Kleine Zettelchen mit der Aufschrift: „Wünsch dir was“ an die Sternsticker kleben.

WÜNSCH
DIR
WAS
Wenn ich diesen Kuchen zum Geburtstag bekäme, würde ich mir wünschen, dass Hatice die Schwimmprüfung besteht und dann mit mir die größte Wasserrutsche der Welt hinunterrutscht.

Rabbats Keksschnitten

Für ca. 15 Keksschnitten:

100 g Sahne
20 g Puderzucker
200 g Magerquark
30 g Schokotropfen
2 Bananen
1 Packung Kakao-Butterkekse (200 g)
Puderzucker zum Bestäuben

Zubereitungszeit:
ca. 30 Minuten

1. Die Sahne in eine hohe Rührschüssel gießen und mit den Quirlen des Handmixers steif schlagen. Sofort aufhören, wenn sie fest ist. Wenn man Sahne zu lange schlägt, wird sie wieder flüssig und klumpt.

2. Puderzucker und Quark zur Sahne geben und kurz cremig rühren. Die Schokotropfen untermischen.

3. Die Bananen in Scheiben schneiden. Die Hälfte der Butterkekse mit je 2 Bananenstückchen belegen. Je 1 EL Quarkcreme daraufklecksen und 1 Butterkeks auflegen.

4. Die Keksschnitten mit Puderzucker bestäuben. Wenn du magst, lege ein kleines Herz aus Papier oder eine Schablone mit Herzform auf die Kekse, bevor du den Puderzucker darüberstreust. So bekommst du eine schöne Deko auf deine Schnitten, wenn du das Papier wegnimmst.

Helenes rosa Traum

Für 1 Springform
mit 26 cm Durchmesser:

300 g TK-Himbeeren
300 g Sahne
750 g Magerquark
4 EL Zitronensaft
2 Päckchen Gelfix (gibt's im Backzutaten-Regal)
130 g Puderzucker
120 g Löffelbiskuits
6 EL Orangensaft

Zubereitungszeit:
ca. 40 Minuten
+ ca. 50 Minuten Auftauen
+ mind. 3 Stunden Kühlen

1. Die Himbeeren vollständig auftauen lassen, dann mit dem Stabmixer fein pürieren. Ein Drittel der Menge (100 g) in eine kleine Schüssel umfüllen und für die Verzierung beiseitestellen. Das übrige Himbeerpüree ist für die Creme.

2. Die Sahne in eine hohe Rührschüssel gießen und mit den Quirlen des Handmixers steif schlagen. Sofort aufhören, wenn sie fest ist. Wenn man Sahne zu lange schlägt, wird sie wieder flüssig und klumpt.

3. Den Quark mit Zitronensaft, dem Himbeerpüree für die Creme und dem Gelfix-Pulver in eine zweite Schüssel geben. Mit den Quirlen des Handmixers etwa 2 Minuten cremig rühren. Erst den Puderzucker unterrühren, dann die geschlagene Sahne kurz vorsichtig untermischen.

4. Den Boden der Springform mit den Löffelbiskuits belegen. Den Orangensaft mit einem Löffel gleichmäßig darüberträufeln. Die Quarkcreme darüber verteilen und glatt streichen.

5. Mit dem übrigen Himbeerpüree kleine Kleckse gleichmäßig auf der Oberfläche des Kuchens verteilen. Das geht mit einem kleinen Löffel sehr gut. Die Kleckse mit einem Holzstäbchen vorsichtig verrühren, dabei entstehen schöne Spiralmuster auf der Creme. Den Kuchen mindestens 3 Stunden oder über Nacht im Kühlschrank fest werden lassen.

Gelfix ist ein Geliermittel, das du einfach nur unter die Creme rührst. Wenn du es nicht bekommst, nimm 2 Päckchen gemahlene Gelatine und bereite sie nach Packungsanleitung vor.

Glückssklee-Gruß

Für 1 Herz-Muffinform
mit 12 Mulden oder
12 kleine Herzbackförmchen:

weiche Butter für die Form
3 Eier
200 g weiche Butter
150 g Zucker
4 EL Limettensaft
3 EL Orangensaft
200 g Mehl
1 TL Backpulver

Für den Guss:
250 g Puderzucker
6 EL Limettensaft
grüne Speisefarbe
Zuckerdekor oder Glückskäfer

Zubereitungszeit:
ca. 35 Minuten
+ ca. 20 Minuten Backen

1. Den Backofen auf 180 °C vorheizen. Die Herzformen mit weicher Butter einpinseln.

2. Eier, Butter und Zucker in eine Rührschüssel geben und mit den Quirlen des Handmixers dick schaumig rühren. Limetten- und Orangensaft untermischen. Mehl und Backpulver dazugeben und nur kurz unterrühren.

3. Den Teig in die Herzformen einfüllen und achtsam auf der mittleren Schiene in den Ofen schieben. Etwa 20 Minuten backen, dann die Stäbchenpobe machen (siehe Seite 19).

4. Die Herzformen vorsichtig mit Topfhandschuhen oder großen Topflappen aus dem Ofen nehmen und abkühlen lassen. Die Muffins aus den Formen lösen.

5. Puderzucker und Limettensaft zu einem zähflüssigen Guss verrühren. Mit Speisefarbe grün einfärben. Ist der Guss zu flüssig, etwas Puderzucker untermischen, ist er zu fest, etwas Limettensaft dazugeben. Jeden Muffin mit etwa 2 EL Guss toppen und vorsichtig mit einem Messer auf der Oberfläche und den Seiten verstreichen (siehe Seite 69). Fest werden lassen. Auf einer Platte oder einem Teller je 4 Muffins zu einem Glückskleeblatt zusammensetzen. Nach Belieben mit Zuckerdekor oder Glückskäfern dekorieren.

Du besitzt keine Herzformen? Dann backe den Teig in einfachen Muffinförmchen und male mit weißer Zuckerschrift Kleeblätter auf die Muffins.

Außerhalb der Erdbeersaison nehme ich aufgetaute Kirschen oder Mangowürfel. Aus den Teigresten steche ich übrigens kleine Herzen aus und backe sie mit.

Mandelherzen mit Erdbeeren

Für 2 Herzen:

4 rechteckige Scheiben TK-Blätterteig (ca. 300 g)
100 g Mandelblättchen
1–2 TL Zucker
200 g Erdbeeren
200 g Sahne
2 Päckchen Vanillezucker

Außerdem:
Backpapier

Zubereitungszeit:
ca. 30 Minuten
+ 15–20 Minuten Backen

1. Die Blätterteigplatten auf der Arbeitsfläche nebeneinanderlegen und etwa 10 Minuten auftauen lassen. Den Backofen auf 200 °C vorheizen. Das Backblech mit Backpapier belegen.

2. Je 2 Teigplatten übereinanderlegen und zu 1 Quadrat von etwa 20 cm Seitenlänge ausrollen. Aus den Quadraten Herzen ausschneiden. Am besten bastelst du dafür eine Papierschablone und legst sie auf den Teig.

3. Die Herzen aufs Blech legen und mit einer Gabel mehrmals einstechen, dann geht der Teig beim Backen schön auf. Die Herzen mit etwas Wasser bepinseln, die Mandelblättchen gleichmäßig darüberstreuen und leicht festdrücken. Mit Zucker bestreuen. Das Blech achtsam auf der mittleren Schiene in den Ofen schieben. Etwa 15 bis 20 Minuten backen, bis die Oberfläche goldbraun ist.

4. Das Blech vorsichtig mit Topfhandschuhen oder großen Topflappen aus dem Ofen nehmen. Die Herzen abkühlen lassen.

5. Die Erdbeeren waschen, die grünen Kelchblätter mit einem spitzen Messer herausschneiden. Die Früchte längs in Scheiben schneiden. Sahne und Vanillezucker in eine hohe Rührschüssel geben und mit den Quirlen des Handmixers steif schlagen. Sofort aufhören, wenn sie fest ist. Wenn man Sahne zu lange schlägt, wird sie wieder flüssig und klumpt.

6. Die Blätterteigherzen horizontal in zwei Hälften schneiden, den unteren Teil mit Sahne bestreichen und mit Erdbeeren belegen, dann die obere Hälfte mit den Mandeln auflegen.

Karajans & Toffis Family-Muffins

Für 1 Muffinform mit 12 Mulden (für 6 Hunde und 6 Katzen):

weiche Butter und Mandelblättchen für die Form
2 Eier
100 g Zucker
100 g weiche Butter
100 g saure Sahne
230 g Mehl
1 TL Backpulver

Für die Deko:
200 g Doppelrahmfrischkäse
40 g Puderzucker
6 gefüllte oder ungefüllte kleine runde Schokokekse
3 ovale Schokobonbons
12 Schokotropfen
6 rote Schokolinsen
18 Schokolinsen
braune Zuckerschrift

Zubereitungszeit:
ca. 60 Minuten
+ 15–18 Minuten Backen

1. Den Ofen auf 180 °C vorheizen. Die Mulden der Form mit Butter einpinseln. Nur den Boden mit Mandeln ausstreuen.

2. Eier, Zucker und Butter in einer Rührschüssel mit den Quirlen des Handmixers verrühren. Die saure Sahne untermixen. Mehl und Backpulver dazugeben und nur kurz unterrühren. Den Teig in die Mulden der Form füllen. Achtsam auf der mittleren Schiene in den Ofen schieben. 15 bis 18 Minuten backen, dann die Stäbchenprobe machen (siehe Seite 19).

3. Die Muffins vorsichtig aus dem Ofen holen und etwas abkühlen lassen. Aus den Mulden lösen und kalt werden lassen.

4. Für die Deko Frischkäse und Puderzucker verquirlen. Die Muffins oben damit bestreichen. Die Kekse halbieren, am besten mit einem gezackten Brotmesser. 6 Hälften sind für die Hundeohren. 6 Hälften nochmal halbieren, die 12 Viertel sind für die Katzenohren. Die Schokobonbons für die Hundeschnauzen mit einem Messer längs halbieren.

5. Als Hundeohren je 2 Kekshälften mit der Rundung nach unten auf den oberen Rand von 6 Muffins drücken.
1 Schokobonbonhälfte als Schnauze in die Mitte setzen,
2 Schokotropfen als Augen darübersetzen und je 1 rote Schokolinse als Zunge unter die Schnauze stecken.

6. Für die Katzenohren je 2 Keksviertel mit der Spitze nach oben auf den oberen Muffinrand setzen. 2 Schokolinsen als Augen, 1 Schokolinse als Nase anordnen. Mit Zuckerschrift kleine Pupillen auf die Augen malen. Schnurrbarthaare neben und einen kleinen Mund unter die Nase malen.

Dürfen wir unsere Verwandten vorstellen?

A
B
C

Nur mit dünnen Apfelspalten werden die Blüten so schön wie auf dem Foto. Wenn du keinen Gemüsehobel mit Restehalter besitzt, hobel die Äpfel am besten nur bis zur Hälfte, damit du dich nicht schneidest.

Henriettas Apfelblüten

Für 6 Mulden von
1 Muffinform:

1 Packung frischer Blätterteig aus der Kühltheke (ca. 280 g)
5–6 TL Orangenmarmelade
2 TL Zucker
¼ TL Zimtpulver
1½ Äpfel (am besten süß-sauer, fest und mit roter Schale)
Puderzucker zum Bestreuen

Außerdem:
6 Papierbackförmchen

Zubereitungszeit:
ca. 30 Minuten
+ ca. 25 Minuten Backen

1. Den Ofen auf 200 °C vorheizen. 6 Mulden einer Muffinform mit Papierbackförmchen auslegen.

2. Den Blätterteig in 6 lange, etwa 4 cm breite Streifen schneiden. Jeden Streifen dünn mit Marmelade bestreichen. Zucker mit Zimt verrühren und gleichmäßig darüberstreuen.

3. Die Äpfel waschen, vierteln und die Kerngehäuse herausschneiden. Die Äpfel am besten mit einem Gemüsehobel in sehr dünne Scheiben schneiden (Foto A).

4. Die Apfelspalten jeweils so nebeneinander auf die Teigstreifen legen, dass sie leicht überlappen und oben etwa 1 cm hoch über den Teig hinausragen. Die Apfelspalten können entweder quer oder längs auf den Teig gelegt werden, das kommt auf die Größe des Apfels an. Unten soll ein etwa 1 cm breiter Rand frei bleiben (Foto B).

5. Den freien Rand über die Äpfel klappen. Dann den Blätterteig von einer Seite beginnend gleichmäßig fest aufrollen (Foto C). Jede Blüte in ein Papierförmchen setzen. Die Muffinform achtsam auf der mittleren Schiene in den Ofen schieben und etwa 25 Minuten backen. Damit die Blüten nicht zu dunkel werden, der Teig aber auch in der Mitte durchgebacken ist, die Apfelblüten die letzten 5 Minuten im ausgeschalteten Backofen noch etwas nachbacken lassen.

6. Das Blech vorsichtig mit Topfhandschuhen oder großen Topflappen aus dem Ofen holen. Die Apfelblüten mit Puderzucker bestreuen und warm genießen.

Miss Cornfield liebt wie ich Kuchen mit bunten Früchten und glänzendem Tortenguss. Sie braucht immer ein ganzes Blech voll, damit alle ihre Schülerinnen und Schüler ein Stück abbekommen.

Miss Cornfields Beeren vom Blech

Für ca. 20 Stück:

7 Eier
100 g Zucker
180 g Mehl
½ Päckchen Backpulver

Für den Belag:
300 g Heidelbeeren
250 g Himbeeren
300 g Erdbeeren
4–5 EL Erdbeerkonfitüre
1 Päckchen klarer Tortenguss
2 EL Zucker
2 EL Zitronensaft

Außerdem:
Backpapier

Zubereitungszeit:
ca. 35 Minuten
+ ca. 12 Minuten Backen

1. Den Ofen auf 180 °C vorheizen. Das Backblech mit Backpapier belegen. Die Eier trennen (siehe Seite 18). Die Eiweiße in einer Rührschüssel mit den Quirlen des Handmixers zu steifem Schnee schlagen. Die Eigelbe mit dem Zucker in einer zweiten Schüssel mit den Quirlen des Handmixers etwa 3 Minuten schaumig rühren. Mehl, Backpulver und Eischnee dazugeben und nur kurz untermixen.

2. Den Biskuitteig auf das Backblech gießen und glatt streichen. 1 bis 2 cm Rand dürfen frei bleiben. Das Blech achtsam auf der mittleren Schiene in den Ofen schieben und 12 Minuten backen, dann die Garprobe machen (siehe Seite 19).

3. Das Blech vorsichtig mit Topfhandschuhen oder großen Topflappen aus dem Ofen holen. Den Teig abkühlen lassen.

4. Inzwischen die Beeren verlesen, waschen und abtropfen lassen. Die Kelchblätter der Erdbeeren mit einem spitzen Messer entfernen und die Früchte halbieren.

5. Die Teigplatte auf dem Backblech einmal umdrehen und das Backpapier abziehen. Den Teig mit Erdbeerkonfitüre bestreichen. Erst Erdbeeren und Himbeeren auf dem Kuchen verteilen, dann die Heidelbeeren dazwischensetzen.

6. Das Tortengusspulver mit Zucker, 250 ml Wasser und Zitronensaft in einem kleinen Topf glatt rühren und kurz aufkochen, dabei immer wieder umrühren. Den Guss mit einem Löffel zügig auf dem Kuchen verteilen und fest werden lassen.

Knallbonbons mit Quarkfüllung

Für 8 Stück:

8 quadratische Scheiben TK-Blätterteig (360 g)
150 g Magerquark
1 Ei
3 EL Zucker
Hagelzucker oder bunter Dekorzucker zum Bestreuen
bunte Fruchtgummischnüre

Außerdem:
Backpapier

Zubereitungszeit:
ca. 25 Minuten
+ ca. 20 Minuten Backen

1. Die Blätterteigscheiben auf der Arbeitsfläche nebeneinanderlegen und etwa 10 Minuten auftauen lassen.

2. Den Backofen auf 200 °C vorheizen. Das Backblech mit Backpapier belegen. Den Blätterteig mit den Händen etwas auseinanderziehen, er sollte dabei leicht rechteckig werden. Auf das Backblech legen.

3. Den Quark mit Ei und Zucker in eine kleine Schüssel geben. Mit einem Löffel gründlich verrühren. Je 1 Klecks Quarkmasse auf die Mitte jedes Teigstücks geben. Die Ränder müssen frei bleiben.

4. Den Teig jeweils von der längeren Seite her aufrollen, die Nahtstellen festdrücken. Jetzt die beiden Teigenden wie Bonbonpapier vorsichtig zusammendrehen. Die Oberfläche mit etwas Wasser bepinseln. Die Knallbonbons mit Hagel- oder Dekorzucker bestreuen. Das Blech achtsam auf der mittleren Schiene in den Ofen schieben. Etwa 20 Minuten goldgelb backen.

5. Das Blech vorsichtig mit Topfhandschuhen oder großen Topflappen aus dem Ofen nehmen und das Gebäck leicht abkühlen lassen. Jeweils an beide Enden Gummischnüre an die Knallbonbons binden.

Lust auf blitzschnelle Knusper-Lollies?
Für 12 Stück 2 quadratische Blätterteigplatten in etwa 1 cm breite Streifen schneiden, mit Lieblingskonfitüre bestreichen und aufrollen. Die Außenränder dünn mit Wasser bepinseln und in etwas Zucker wälzen. In die Mitte der Lollies einen Holzstiel stecken. Im Ofen bei 200 °C etwa 10 Minuten backen.

Amerikaner gibt es schon über 100 Jahre. Der Name, so heißt es, kommt vom Ammoniak-Backpulver, das früher zum Backen verwendet wurde. Anfangs nannte man das Gebäck Ammonikaner, später wurde daraus Amerikaner.

Amerikaner Muriel Style

Für 14 Stück:

80 g weiche Butter
100 g Zucker
2 Eier
50 ml Milch
220 g Mehl
30 g Speisestärke
½ Päckchen Backpulver

Für die Deko:
28 weiß gefüllte kleine runde Schokokekse
28 bunte Schokolinsen für die Augen
200 g Puderzucker
5 EL Zitronensaft
14 braune Schokolinsen für die Schnäbel

Außerdem:
Backpapier

Zubereitungszeit:
ca. 40 Minuten
+ ca. 14 Minuten Backen

1. Den Backofen auf 180 °C vorheizen. Das Backblech mit Backpapier belegen.

2. Butter, Zucker und Eier in eine Rührschüssel geben. Mit den Quirlen des Handmixers etwa 2 Minuten verrühren. Milch, Mehl, Speisestärke und Backpulver dazugeben und alles zu einem glatten Teig verquirlen.

3. 14 Teighäufchen von 4 bis 5 cm Durchmesser auf das Backblech setzen. Am besten erst eine Hälfte backen und viel Abstand halten, denn der Teig läuft dabei auseinander. Jedes Blech achtsam auf der mittleren Schiene in den Backofen schieben und etwa 14 Minuten backen. Die Amerikaner sollen hell bleiben.

4. Jedes Backblech vorsichtig mit Topfhandschuhen oder großen Topflappen aus dem Backofen holen. Die Amerikaner abkühlen lassen.

5. Für die Deko den oberen Teil der Schokokekse vorsichtig mit einem Messer von der Füllung lösen und abheben. Die Teile mit der weißen Füllung werden die Augen der Eulen. Auf jedes Auge 1 Schokolinse als Pupille setzen.

6. Puderzucker und Zitronensaft in einer kleinen Schüssel zu einem dickflüssigen Guss verrühren. Die glatte Seite der Amerikaner damit bestreichen. Je 2 Eulenaugen auf den noch feuchten Zuckerguss setzen. Unter den Augen je 1 Schokolinse als Schnabel platzieren. Den Guss trocknen lassen.

Mandarinentorte

Für 1 Springform
mit 26 cm Durchmesser:

1 große Dose Mandarinen
(480 g Abtropfgewicht)
500 g Mascarpone
200 g Naturjoghurt
80 g Zucker
2 EL Zitronensaft
300 g Löffelbiskuits

Zubereitungszeit:
ca. 35 Minuten
+ mind. 2 Stunden Kühlen

1. Nur den Rand der Springform auf eine gerade Tortenplatte setzen. Die Mandarinen in ein Sieb abgießen, dabei den Saft in einer Schüssel auffangen.

2. Mascarpone, Joghurt, Zucker und Zitronensaft in eine Rührschüssel geben und mit den Quirlen des Handmixers etwa 3 Minuten schaumig schlagen. Dann etwa zwei Drittel (etwa 300 g) der abgetropften Mandarinen zur Creme geben. Vorsichtig untermixen, die Mandarinen dürfen dabei zerfallen. Den Rest der Mandarinen zum Verzieren beiseitestellen.

3. Die Löffelbiskuits nacheinander ganz kurz in den aufgefangenen Mandarinensaft tunken und sofort wieder herausnehmen, sonst werden sie zu weich. Die Biskuits so in die Form legen, dass die Tortenplatte ganz bedeckt ist. Dafür musst du einige von ihnen in Stücke brechen.

4. Etwa ein Drittel der Creme auf den Biskuitboden geben und glatt streichen. Die Löffelbiskuits sollen nur etwa daumenbreit mit der Creme bedeckt sein. Die übrigen Biskuits wieder Stück für Stück kurz in den Saft eintunken und auf die Creme in der Form legen. Die restliche Creme darauf verteilen, aber mindestens 4 bis 5 EL für den Kuchenrand in der Schüssel lassen. Torte, restliche Creme und übrige Mandarinen mindestens 2 Stunden in den Kühlschrank stellen.

5. Die Creme mit einem Kuchenlöser von Tortenrand lösen. Den Springformrand öffnen und vorsichtig abnehmen. Den Tortenrand mit der restlichen Creme bestreichen. Aus den übrigen Mandarinen ein Herz in der Tortenmitte auslegen.

Tolle Torte für den Muttertag – ganz einfach und ratzfatz fertig!!

Eugenias Spinnennetz-Torte

Für 1 Springform mit 26 cm Durchmesser:

Für den Teig: weiche Butter für die Form · 7 Eier · 160 g Zucker · 5 EL Honig · 1½ TL Zimtpulver 1 Glas pürierte Möhren (Babykost, 190 g) · 100 g Schmand · 170 g gemahlene Mandeln · 150 g Mehl · 1 Päckchen Backpulver
Für Guss und Deko: 300 g Puderzucker · 6 EL Zitronensaft · orange Speisefarbe · weiße Zuckerschrift · Schokolinsen für die Spinnenkörper · braune Zuckerschrift · Halloween-Fledermaus-Oblaten

Zubereitungszeit: ca. 60 Minuten + ca. 45 Minuten Backen
+ ca. 1 Stunde 30 Minuten Abkühlen und Trocknen

Den Möhren-Mandel-Teig backen

Den Backofen auf 180 °C vorheizen. Die Backform gut mit Butter einpinseln. Eier, Zucker, Honig und Zimt in eine Schüssel geben und mit den Quirlen des Handmixers schaumig rühren. Möhren und Schmand dazugeben und untermischen. Mandeln, Mehl und Backpulver dazugeben und nur kurz unterrühren. Den Teig in die Backform füllen und achtsam auf der mittleren Schiene in den Ofen schieben. Etwa 45 Minuten backen, dann die Stäbchenprobe machen (siehe Seite 19).

Den Kuchen vorsichtig mit Topfhandschuhen oder großen Topflappen aus dem Ofen holen und abkühlen lassen. Dann den Kuchen aus der Form nehmen und verzieren. Wie das geht, steht auf den nächsten Seiten.

1

Jetzt kann der abgekühlte Möhren-Mandel-Kuchen von Seite 93 verziert werden. Mit der Schritt-für-Schritt-Anleitung klappt's bestimmt:

300 g Puderzucker mit 6 EL Zitronensaft zu einem glatten, zähflüssigen Guss verrühren. Mit Speisefarbe orange einfärben. Ist der Guss zu flüssig, noch etwas Puderzucker dazugeben, ist er zu fest, tropfenweise Zitronensaft unterrühren. (FOTO 1)

Den Zuckerguss mittig auf den Kuchen gießen und mit einer Palette oder einem langen Messer gleichmäßig nach außen hin so verstreichen, dass er über den Rand läuft (FOTO 2). Trocknen lassen.

Sobald der Guss fest ist, mit weißer Zuckerschrift kreuzweise 4 Linien auf den Kuchen spritzen. Es sollen 8 längliche Dreiecke entstehen (FOTO 3). Knete die verschlossene Tube am besten vorher einmal gut durch, dann wird sie leicht warm und der Zuckerguss lässt sich besser herausdrücken. Versuche, immer

2

3

4

gleichmäßigen Druck auf die Tube auszuüben, sonst brechen die Linien. Probiere den Umgang mit der Zuckerschrift vor dem Verzieren am besten einmal auf Brotpapier aus.

Von den aufgemalten 4 Linien aus mit der Zuckerschrift immer wieder halbrunde, verbindende Spinnfäden aufspritzen, sodass ein Spinnennetz wie auf dem Foto entsteht. Dafür am äußersten Rand des Kuchens an einer Linie beginnen und die Zuckerschrift jeweils in halbrunden Bögen von einer Linie zur nächsten spritzen, bis die Runde fertig ist. Dann das Ganze etwa 2 bis 3 cm höher rundherum wiederholen. Die nächste Runde wieder etwas höher spinnen und bis zur Mitte so weitermachen. (FOTO 4)

In die Spinnfäden beliebig viele bunte Schokolinsen als Spinnen setzen. An die Schokolinsen mit brauner Zuckerschrift kleine Spinnenbeine malen. Zuletzt die Fledermaus-Oblaten auf die Torte setzen. (FOTO 5)

Varianten:

- Orange Speisefarbe kannst du dir auch mit roter und gelber Speisefarbe selbst mischen.
- Keine Speisefarbe zuhause? Lass den Zuckerguss weiß und male das Spinnennetz mit brauner Zuckerschrift auf.
- Du kannst den Kuchen statt mit Zuckerguss auch mit geschmolzener Kuvertüre überziehen (siehe Seite 68). Weiße Kuvertüre lässt sich sogar einfärben.
- Statt Möhrenbrei aus dem Glas 350 g frische Möhren schälen, fein reiben und unter den Teig mischen.

5

Frisch aus dem Ofen: Knabberzeug, Brot, Pizza und noch viel mehr

HERZHAFT LECKER!

Max mag das Rezept, weil er Erdnüsse liebt und man außerdem damit Bruchrechnen lernt: Halbiert man den Teig, bekommt man 2 Hälften, halbiert man ihn nochmal, bekommt man 4 Viertel. Beim nächsten Mal teilen gibt's 8 Achtel und zuletzt 16 Sechzehntel. Cool, oder?

Erdnuss-Minihörnchen

Für 32 Stück:

150 g Mehl
100 g weiche Butter
100 g Doppelrahmfrischkäse
½ TL Salz
80 g gesalzene Erdnüsse

Außerdem:
Backpapier

Zubereitungszeit:
ca. 25 Minuten
+ 60 Minuten Kühlen
+ 20 Minuten Backen

1. Mehl, Butter, Frischkäse und Salz in eine Rührschüssel geben. Mit den Knethaken des Handmixers zu einem glatten Teig verkneten. Den Teig halbieren, jeweils zu einer dicken Platte formen und in Frischhaltefolie wickeln. Mindestens 1 Stunde im Kühlschrank ruhen lassen.

2. Den Backofen auf 180 °C vorheizen. Das Backblech mit Backpapier belegen. Die Erdnüsse im Blitzhacker sehr fein hacken, aber nicht ganz mahlen.

3. Einen zweiten Bogen Backpapier auf die Arbeitsfläche legen und die Hälfte der Erdnüsse aufstreuen. Eine Teigplatte in die Nussstücke drücken, dann umdrehen und den Teig auf den verbliebenen Erdnüssen mit dem Teigroller am besten immer von der Mitte nach außen zu einem Kreis von etwa 24 Zentimetern Durchmesser ausrollen. Ist der Kreis etwas zipfelig, ist das nicht schlimm.

4. Den Teigkreis mit einem Messer in 16 Tortenstücke schneiden. Die Tortenstücke jeweils von der breiten Seite her zu Hörnchen aufrollen und aufs Blech legen. Die zweite Teigplatte genauso verarbeiten: ausrollen, in Tortenstücke schneiden, aufrollen und aufs Backblech legen.

5. Das Blech achtsam auf der mittleren Schiene in den Ofen schieben. Die Hörnchen etwa 20 Minuten goldgelb backen.

6. Das Blech vorsichtig mit Topfhandschuhen oder großen Topflappen aus dem Ofen holen. Die Erdnuss-Minihörnchen warm oder kalt genießen.

Focaccia mit Knabberzeug, das ist was für mich! Nehmt einfach euer Lieblingsgemüse! Und aus den Gemüseresten lässt sich ein leckerer Salat zubereiten.

Focaccia-Garten

Für 1 Blech:

Für den Teig:
500 g Mehl
1 Päckchen Trockenhefe
½ TL Zucker
1½ TL Salz
300 ml lauwarmes Wasser
50 ml Olivenöl
Mehl zum Arbeiten
Olivenöl zum Bepinseln
Sesamsamen zum Bestreuen

Für den Blumengarten:
3 Frühlingszwiebeln
4 Cocktailtomaten
½ gelbe Paprikaschote
½ rote Paprikaschote
1 kleines Stück Zucchini
1 Möhre
1 kleine vorgekochte Rote Bete

Außerdem:
Backpapier

Zubereitungszeit:
ca. 40 Minuten
+ ca. 60 Minuten Ruhen
+ 20–25 Minuten Backen

1. Ein feuchtes Tuch unter eine Rührschüssel legen, damit sie beim Kneten nicht verrutscht. Mehl, Hefe, Zucker, Salz, Wasser und Öl hineingeben und mit den Knethaken des Handmixers 5 Minuten verkneten. Ist dir der Teig zu schwer zum Verkneten, lass dir von einem Erwachsenen helfen. Teig zugedeckt an einem warmen Ort mindestens 1 Stunde gehen lassen.

2. Für den Blumengarten Frühlingszwiebeln, Tomaten, Paprika und Zucchini waschen. Möhre schälen. Von den Frühlingszwiebeln die Wurzeln abschneiden. Tomaten halbieren. Die Paprika quer in Scheiben schneiden, so entstehen runde Blüten. Zucchini und Möhre in Scheiben schneiden. Zucchinischeiben halbieren. Die Rote Bete in Scheiben schneiden (dabei unbedingt Küchenhandschuhe tragen, weil sie färbt), dann halbieren oder als Tulpenblüte zurechtschneiden.

3. Den Ofen auf 200 °C vorheizen. Das Blech mit Backpapier belegen. Den Teig nochmal durchkneten, mit Mehl bestäuben und auf dem Blech rechteckig fingerdick ausrollen.

4. Mit dem Gemüse einen Blumengarten auf dem Teig gestalten. Zuerst die Frühlingszwiebeln etwas kürzen und als Stiele auf den Teig legen. Blüten aus den übrigen Zutaten ansetzen. Die Focaccia mit Olivenöl bepinseln, mit Salz bestreuen und etwas Sesam zwischen den Blumen verteilen.

5. Das Blech achtsam auf der mittleren Schiene in den Ofen schieben und die Focaccia 20 bis 25 Minuten goldgelb backen (Garprobe siehe Seite 19). Das Blech vorsichtig mit Topfhandschuhen oder großen Topflappen aus dem Ofen holen.

Buttermilchbrot

Für 1 Laib Brot:

500 g Dinkelmehl (Type 630)
300 g Roggenvollkornmehl
2 Päckchen Trockenhefe
2 TL Salz
2 EL Öl
500 ml Buttermilch
Mehl zum Arbeiten

Außerdem:
Backpapier

Zubereitungszeit:
ca. 25 Minuten
+ 2½ Stunden Ruhen
+ ca. 55 Minuten Backen

1. Ein feuchtes Tuch unter eine Rührschüssel legen, damit sie beim Kneten nicht verrutscht. Die beiden Mehlsorten mit der Hefe in der Schüssel vermischen. Salz, Öl und Buttermilch dazugeben und alles zu einem geschmeidigen Teig verkneten. Fällt dir das Kneten vom zähen Teig zu schwer, lass dir von einem Erwachsenen helfen.

2. Die Schüssel mit einem sauberen Tuch abdecken. Den Teig an einem warmen Ort etwa 2 Stunden gehen lassen. So nennt man es, wenn man den Teig ruhen und die Hefe arbeiten lässt, damit er schön aufgeht und das Brot oder anderes Hefegebäck dadurch locker wird.

3. Das Backblech mit Backpapier belegen. Den Teig mit Mehl bestäuben und mit den Händen nochmal durchkneten, bis er außen nicht mehr klebrig ist und sich gut aus der Schüssel nehmen lässt. Den Teig zu einem großen Laib formen und auf das Backblech setzen. Mit dem Tuch abdecken und nochmal etwa 30 Minuten gehen lassen.

4. Den Ofen auf 220 °C vorheizen. Das Brot von allen Seiten etwas zusammendrücken, damit es nicht zu flach wird. Die Oberfläche mit einem Messer kreuzweise einschneiden und mit etwas Wasser bepinseln. Das Blech achtsam auf der untersten Schiene in den Ofen schieben. Das Brot erst 10 Minuten bei 220 °C, dann 45 Minuten bei 200 °C backen.

5. Das Blech vorsichtig mit Topfhandschuhen oder großen Topflappen aus dem Ofen holen. Das Buttermilchbrot vor dem Aufschneiden etwas abkühlen lassen.

Genau das richtige Rezept für Eddies Lieblingsessen: Butterbrot mit Schnittlauch.

Toastbrot

Für 1 Kastenform
mit 30 cm Länge:

300 g Weizenmehl (Type 405) oder Dinkelmehl (Type 630)
200 g Vollkornmehl
1 Päckchen Trockenhefe
1 EL Honig
1½ TL Salz
2 EL Öl
300 ml lauwarmes Wasser
50 ml Milch

Außerdem:
Backpapier

Zubereitungszeit:
ca. 25 Minuten
+ 2½ Stunden Ruhen
+ ca. 30 Minuten Backen

1. Ein feuchtes Tuch unter eine Rührschüssel legen, damit sie beim Kneten nicht verrutscht. Beide Mehlsorten und die Hefe in die Schüssel geben und kurz vermischen. Honig, Salz, Öl, Wasser und Milch dazugeben und alles etwa 5 Minuten zu einem glatten Teig verkneten. Fällt dir das Kneten vom zähen Teig zu schwer, lass dir von einem Erwachsenen helfen. Die Schüssel mit einem sauberen Tuch abdecken. Den Teig an einem warmen Ort etwa 2 Stunden gehen lassen.

2. Die Backform mit Backpapier auslegen. Den Teig nochmal durchkneten und in die Kastenform füllen. Zugedeckt erneut 30 Minuten gehen lassen.

3. Den Backofen auf 220 °C vorheizen. Die Backform achtsam auf der mittleren Schiene in den Backofen schieben. Das Toastbrot 30 Minuten backen.

4. Die Backform vorsichtig mit Topfhandschuhen oder großen Topflappen aus dem Ofen holen. Das Toastbrot abkühlen lassen und mit dem Backpapier aus der Backform heben.

Pizzatoast

Für 8 Stück:

8 Scheiben Toastbrot
250 g Pizzatomaten
Salz
Pfeffer aus der Mühle
2 EL getrocknete Kräuter (z. B. Oregano, Majoran oder Basilikum)
200 g Mozzarella
100 g Champignons
80 g gekochter oder geräucherter Schinken
2 Frühlingszwiebeln
1 Dose Thunfisch (120 g Abtropfgewicht)

Außerdem:
Backpapier

Zubereitungszeit:
ca. 25 Minuten
+ ca. 15 Minuten Backen

1. Den Backofen auf 180 °C vorheizen. Das Backblech mit Backpapier belegen. Die Toastscheiben nebeneinander auf das Backblech legen.

2. Die Pizzatomaten in einer kleinen Schüssel mit Salz, Pfeffer und Kräutern verrühren. Die Toastscheiben damit bestreichen.

3. Den Mozzarella abtropfen lassen und in Würfel schneiden, dann gleichmäßig auf den Toastscheiben verteilen.

4. Die Champignons mit Küchenpapier abreiben und in Scheiben schneiden. Den Schinken klein schneiden und mit den Champignons auf 4 Toastscheiben verteilen.

5. Die Frühlingszwiebeln waschen und ohne die Wurzelenden in feine Ringe schneiden. Den Thunfisch abtropfen lassen, auf den restlichen 4 Toastscheiben verteilen und mit den Frühlingszwiebeln bestreuen. Nach Belieben auch noch ein paar Frühlingszwiebelringe über die Brotscheiben mit den Champignons streuen.

6. Das Blech achtsam auf der mittleren Schiene in den Ofen schieben und die Toasts etwa 15 Minuten backen. Vorsichtig mit Topfhandschuhen oder großen Topflappen aus dem Ofen holen und sofort genießen.

Der Belag für den
Pizzatoast lässt sich nach
Herzenslust bunt variieren.
Nimm einfach deine
Lieblingszutaten!

Blätterteigtörtchen sind etwas für Feinschmecker wie mich. Sie lassen sich immer wieder anders füllen: zum Beispiel mit Paprikawürfelchen und Feta, mit Zucchini und Ricotta oder mit Zwiebeln und Thunfisch.

Karajans Lachstörtchen

Für 1 Muffinform mit
12 Mulden:

1 Packung frischer Blätterteig aus der Kühltheke (ca. 280 g)
Salz
Pfeffer aus der Mühle
450 g Lachsfilet ohne Haut
1–2 EL Zitronensaft
300 g TK-Spinat (portionierbare Würfel)

Zubereitungszeit:
ca. 25 Minuten
+ 15–20 Minuten Backen

1. Den Ofen auf 200 °C vorheizen. Die Mulden der Muffinform mit kaltem Wasser ausspülen. Den Blätterteig in 12 Quadrate, etwa 8,5 cm groß, schneiden. Ist die Teigplatte dafür zu klein, roll sie mit dem Teigroller noch etwas aus. Die Teigquadrate in die Mulden der Muffinform setzen. Den Teig mit einer Gabel mehrmals einstechen, dann geht er beim Backen schön auf. Mit etwas Salz und Pfeffer bestreuen.

2. Das Lachsfilet waschen und mit Küchenpapier trocken tupfen. Das Filet auf Gräten überprüfen und vorhandene Gräten am besten mit einer Pinzette herausziehen. Den Lachs in kleine Würfel schneiden. Mit Zitronensaft beträufeln, mit Salz und Pfeffer würzen. Lachs und tiefgekühlte Spinatwürfel auf den Blätterteig geben.

3. Das Blech achtsam auf der mittleren Schiene in den Ofen schieben und die Törtchen 15 bis 20 Minuten goldgelb backen.

4. Das Blech vorsichtig mit Topfhandschuhen oder großen Topflappen aus dem Ofen holen. Die Törtchen mit einem Kuchenlöser aus den Mulden heben. Warm genießen.

Toffis Würstchen-Windräder

Für 20 Stück:

5 quadratische Scheiben TK-Blätterteig (ca. 250 g)
2–3 Bratwürstchen (z. B. Nürnberger, gebrüht)
Salz

Außerdem:
Backpapier

Zubereitungszeit:
ca. 35 Minuten
+ ca. 12 Minuten Backen

1. Das Backblech mit Backpapier belegen. Die Blätterteigplatten nebeneinander darauflegen und auftauen lassen.

2. Den Backofen auf 200 °C vorheizen. Die Bratwürstchen in etwa 1 cm dicke Scheiben schneiden.

3. Die Blätterteigscheiben leicht salzen. Jede Scheibe in 4 Quadrate schneiden. Die Quadrate jeweils von jeder Eckenspitze aus mit einem Messer in Richtung Mitte einschneiden, und zwar etwa die halbe Strecke dorthin. Damit ein Windrad entsteht, jetzt von der linken unteren Ecke den Teig zur Mitte hochklappen. Dann von der linken oberen Ecke den Teig zur Mitte herunterklappen. Die rechte obere Teigecke zur Mitte herunterklappen und die rechte untere Teigecke zur Mitte hochklappen.

4. Auf jedes Blätterteig-Windrad in die Mitte eine Bratwurstscheibe drücken. Das Backblech achtsam auf der mittleren Schiene in den Backofen schieben. Die Windräder etwa 12 Minuten backen.

5. Mit Topfhandschuhen oder großen Topflappen vorsichtig aus dem Ofen holen. Die Windräder warm genießen.

Windräder und Mumien mit Würstchen – perfekt für die nächste Party! Unser Ägypten-Experte Max freut sich auf die Mumien zu Halloween.

Leanders Würstchen-Mumien

Für 6 Stück:

6 Wiener Würstchen
200 g Croissant- oder Pizzateig aus dem Kühlregal
Mayonnaise oder saure Sahne
1 schwarze Olive ohne Stein

Außerdem:
Backpapier

Zubereitungszeit:
ca. 15 Minuten
+ ca. 10 Minuten Backen

1. Den Ofen auf 200 °C vorheizen. Ein Backblech mit Backpapier belegen. Die Würstchen waschen und mit Küchenpapier trocken tupfen. Den Croissant- oder Pizzateig auseinanderrollen und in feine Streifen schneiden.

2. Den Teig wie bei einer Mumie von unten nach oben um die Würstchen wickeln, dabei jeweils im oberen Teil ein kleines Stück für die Augen freilassen.

3. Die Würstchen auf das Backblech legen. Das Blech achtsam auf der mittleren Schiene in den Ofen schieben. Die Würstchen-Mumien etwa 10 Minuten goldbraun backen.

4. Das Blech mit Topfhandschuhen oder großen Topflappen vorsichtig aus dem Ofen holen. Für die Augen mit einem Zahnstocher kleine Tupfer Mayonnaise oder saure Sahne auf das freigelassene Würstchenstück tupfen. Die Olive in winzige Stücke schneiden und als Pupillen auf die Augen setzen.

Vollkornbrot ist nicht so dein Ding? Dann hast du noch kein selbstgebackenes probiert. Wir lieben dieses Rezept! Mit vielen Kernen und Samen, die das Brot noch gesünder und so schön saftig machen.

Schnelles Vollkornbrot

Für 1 Kastenform mit 25 cm Länge:

250 g Dinkelvollkornmehl
100 g Dinkelmehl (Type 630)
150 g Haferflocken
1 Päckchen Trockenhefe
500 ml lauwarmes Wasser
50 g Kürbiskerne
50 g Sonnenblumenkerne
50 g Sesamsamen
2 TL Salz
Sesamsamen, Sonnenblumen- oder Kürbiskerne zum Bestreuen

Außerdem:
Backpapier

Zubereitungszeit:
ca. 20 Minuten
+ 1 Stunde 20 Minuten Backen

1. Den Backofen auf 180 °C vorheizen. Die Backform mit Backpapier auslegen. Das ist wichtig, sonst klebt das Brot später in der Form fest.

2. Ein feuchtes Tuch unter eine Rührschüssel legen, damit sie beim Kneten nicht verrutscht. Beide Mehlsorten, Haferflocken und Hefe in die Schüssel geben und kurz vermischen. Das lauwarme Wasser dazugießen. Das Wasser darf nicht heiß sein, sonst verliert die Hefe ihre Wirkung. Alles mit den Knethaken des Handmixers etwa 2 Minuten verkneten. Kürbis- und Sonnenblumenkerne, Sesamsamen und Salz dazugeben, etwa 3 Minuten weiterkneten.

3. Den Teig in die Kastenform füllen und glatt streichen. Nach Belieben noch mit Sesamsamen, Sonnenblumen- oder Kürbiskernen bestreuen. Die Backform achtsam auf der mittleren Schiene in den Backofen schieben und das Brot etwa 1 Stunde 20 Minuten backen.

4. Die Backform vorsichtig mit Topfhandschuhen oder großen Topflappen aus dem Ofen holen. Das Brot mit dem Backpapier aus der Form heben und vollständig auskühlen lassen, sonst lässt es sich nicht gut schneiden.

Du kannst Hefeteig bei Wärme, aber auch über Nacht im Kühlschrank ruhen lassen. Auch bei kalten Temperaturen arbeitet die Hefe und lockert den Teig, sie braucht nur viel länger. Weil man Brötchen ja meistens zum Frühstück isst, ist es praktisch, den Teig über Nacht gehen zu lassen. Sonst müsstest du morgens früher aufstehen.

Blitzbrötchen

Für 8 Brötchen:

400 g Dinkelmehl (Type 630)
oder Weizenmehl (Type 405)
100 g Roggenmehl
1 Päckchen Trockenhefe
2 TL Salz
350 ml lauwarmes Wasser
Mehl zum Arbeiten
Sonnenblumen- oder
Kürbiskerne, Sesam- oder
Mohnsamen zum Bestreuen
nach Belieben

Außerdem:
Backpapier

Zubereitungszeit:
ca. 20 Minuten
+ Ruhen über Nacht
+ ca. 20 Minuten Backen

1. Ein feuchtes Tuch unter eine Rührschüssel legen, damit sie beim Kneten nicht verrutscht. Die beiden Mehlsorten mit Trockenhefe und Salz in der Schüssel vermischen. Das lauwarme Wasser dazugießen. Das Wasser darf nicht heiß sein, sonst verliert die Hefe ihre Wirkung. Alles mit den Knethaken des Handmixers etwa 5 Minuten zu einem glatten Teig verkneten. Fällt dir das Kneten vom zähen Teig zu schwer, lass dir von einem Erwachsenen helfen. Den Teig zugedeckt über Nacht in den Kühlschrank stellen und gehen lassen.

2. Am nächsten Morgen den Backofen auf 220 °C vorheizen. Das Backblech mit Backpapier belegen. Den Teig mit etwas Mehl bestäuben, mit den Händen jeweils brötchengroße Stücke aus der Schüssel nehmen und zu runden Brötchen rollen. Die Brötchen mit etwas Abstand auf das Backblech setzen. Wer mag, bepinselt die Brötchen noch mit Wasser und bestreut sie mit Sonnenblumen- oder Kürbiskernen, mit Sesam oder Mohn.

3. Das Blech achtsam auf der mittleren Schiene in den Backofen schieben und die Brötchen etwa 20 Minuten backen.

4. Das Blech mit Topfhandschuhen oder großen Topflappen vorsichtig aus dem Ofen holen. Die Brötchen noch warm oder abgekühlt genießen.

Blätterteigfackeln sind tolles Fingerfood für Partys. Sie schmecken auch lecker mit Trockenfrüchten. Dafür 2 bis 3 getrocknete Datteln, Pflaumen oder Aprikosen auf die Spieße stecken und dann, wie im Rezept rechts, mit den Schinken-Teigstreifen umwickeln und backen.

Blätterteigfackeln

Für 28 Stück:

1 Packung frischer Blätterteig aus der Kühltheke (ca. 280 g)
100 g dünn geschnittener Parmaschinken (oder dein Lieblingsschinken)

Außerdem:
Backpapier
28 Fingerfood-Spieße (15 cm lang)

Zubereitungszeit:
ca. 25 Minuten
+ ca. 12 Minuten Backen

1. Den Backofen auf 200 °C vorheizen. Das Backblech mit Backpapier belegen.

2. Den Blätterteig aus der Packung nehmen und auseinanderrollen. Das rechteckige Stück Teig einmal in der Mitte der langen Seite halbieren, sodass zwei schmale, lange Rechtecke entstehen. Jedes Rechteck quer in 14 Streifen schneiden, jeder Streifen soll etwa 2,5 cm breit sein.

3. Den Schinken in Größe der Teigstreifen schneiden. Alle Teigstreifen mit dem Schinken belegen. Die belegten Teigstreifen um die Fingerfoodspieße wickeln. Am besten oberhalb des Griffs beginnen und dann den Teig von unten nach oben leicht überlappend um die Spieße wickeln.

4. Die Spieße auf das Backblech legen. Das Blech achtsam auf der mittleren Schiene in den Backofen schieben. Etwa 12 Minuten backen, bis die Blätterteigfackeln goldbraun und schön aufgegangen sind.

5. Das Blech mit Topfhandschuhen oder großen Topflappen vorsichtig aus dem Ofen holen. Die Fackeln warm genießen.

Spinat-Quiche

Für 1 Quicheform mit
28 cm Durchmesser:

1 Packung frischer Blätterteig aus der Kühltheke (ca. 280 g)
1 Zwiebel
150 g Feta
2 Eier
100 g Sahne
Salz
Pfeffer aus der Mühle
frisch geriebene Muskatnuss
1 EL Öl
400 g TK-Blattspinat (portionierbare Würfel)
2 EL Pinien- oder Sonnenblumenkerne

Zubereitungszeit:
ca. 25 Minuten
+ ca. 45 Minuten Backen

1. Die Quicheform mit kaltem Wasser ausspülen. Den Blätterteig in die Form legen und an den Seiten hochziehen. Überstehende Teigränder abschneiden und mittig auf den Teig in der Form drücken. Den Backofen auf 200 °C vorheizen.

2. Die Zwiebel schälen und in feine Würfel schneiden. Den Feta abtropfen lassen und würfeln. Die Eier mit der Sahne in einer kleinen Schüssel mit einer Gabel verquirlen. Mit Salz, Pfeffer und Muskat würzen.

3. Das Öl in einem Topf erhitzen. Die Zwiebelwürfel dazugeben und bei schwacher Hitze etwa 2 Minuten andünsten. Die Spinatwürfel dazugeben und bei schwacher Hitze auftauen lassen. Zwischendurch immer wieder umrühren. Den Topf von der Herdplatte nehmen. Die Fetawürfel und die Eier-Sahne-Mischung unter den Spinat rühren.

4. Die Spinatmasse auf den Blätterteig gießen und glatt streichen. Die Pinien- oder Sonnenblumenkerne gleichmäßig darüberstreuen. Die Quiche achtsam auf der mittleren Schiene in den Backofen schieben. Etwa 45 Minuten backen, bis die Teigränder goldbraun sind.

5. Die Quiche vorsichtig mit Topfhandschuhen oder großen Topflappen aus dem Ofen holen. Warm genießen.

Statt Spinat kannst du Mangold, Paprika oder Zucchini nehmen. Ich mag zur Quiche gerne eine Schüssel Blattsalat mit Gurken und Radieschen.

Margherita war die Frau des italienischen Königs Umberto. 1889 besuchte sie Neapel und wollte eine Pizza essen. Dafür kam der damals beste neapolitanische Pizzabäcker in ihre Residenz: Raffaele Esposito. Er servierte ihr eine Pizza in den Farben der italienischen Flagge – mit roten Tomaten, weißem Mozzarella und grünem Basilikum – und nannte sie Pizza Margherita. Wenn dir der Belag zu einfach ist, bestücke die Pizza einfach mit deinen Lieblingszutaten.

Pizza Margherita

Für 1 Backblech:

400 g Weizenmehl
(Type 405)
1 Päckchen Trockenhefe
½ TL Zucker
1 TL Salz
250 ml lauwarmes Wasser
1 EL Olivenöl

Für den Belag:
½ Bund Basilikum
300 g Pizzatomaten
Salz
Pfeffer aus der Mühle
200 g Mozzarella

Außerdem:
Backpapier

Zubereitungszeit:
ca. 30 Minuten
+ ca. 2 Stunden Ruhen
+ ca. 15 Minuten Backen

1. Ein feuchtes Tuch unter eine Rührschüssel legen, damit sie beim Kneten nicht verrutscht. Mehl, Hefe, Zucker und Salz in die Schüssel geben. Lauwarmes Wasser und Öl dazugießen. Alles mit den Knethaken des Handmixers etwa 5 Minuten zu einem glatten Teig verkneten. Fällt dir das Kneten vom zähen Teig zu schwer, lass dir von einem Erwachsenen helfen. Die Schüssel mit einem sauberen Tuch abdecken. Den Teig an einem warmen Ort etwa 2 Stunden gehen lassen.

2. Den Backofen auf 250 °C vorheizen. Den Teig nochmal durchkneten und auf Backpapier in der Größe des Backblechs ausrollen. Das Backpapier aufs Backblech ziehen. Die Teigecken mit den Händen in Form ziehen.

3. Für den Belag die Basilikumblätter abzupfen, abbrausen und trocken tupfen. Die Hälfte davon in Streifen schneiden und mit den Pizzatomaten verrühren. Mit Salz und Pfeffer würzen. Die Tomaten auf dem Teig verteilen und verstreichen. Den Mozzarella abtropfen lassen, in Würfel schneiden und gleichmäßig auf den Tomaten verteilen.

4. Das Blech achtsam auf der unteren Schiene in den Backofen schieben und etwa 15 Minuten backen, bis der Teigrand goldbraun ist.

5. Das Blech mit Topfhandschuhen oder großen Topflappen vorsichtig aus dem Ofen holen. Die Pizza in Stücke schneiden und mit den restlichen Basilikumblättern bestreuen.

ES WEIHNACHTET

Hübsch verpackt

Egal ob eure Eltern, Großeltern, Freunde oder Lieblingslehrer – über selbstgebackene Plätzchen freut sich jeder. Schön verpackt stellen sie jedes gekaufte Geschenk in den Schatten.

Wie wäre es zum Beispiel mit selbstgestalteten Geschenkschachteln oder Papiertüten? Naturbelassene oder farbige Schachteln und Tüten gibt es in Schreibwarenabteilungen zu kaufen. Sie lassen sich mit Stickern, Sternen, Schneeflocken oder anderem weihnachtlichen Dekor bekleben. Du kannst sie aber auch bemalen, zum Beispiel wie unsere Lebkuchenhaustüten auf dem Foto rechts oben.

Vorratsgläser mit Schraubverschluss werden zur besonderen Plätzchenverpackung, wenn du sie mit wischfesten Filzstiften bemalst, mit Stickern oder Streudekor kreativ beklebst. Vielleicht gefallen dir unsere Plätzchengläser mit Weihnachtsmotiven (Foto unten). Die Vorlagen dafür gibt es auf der Internetseite unseres Verlags: www.zsverlag.de.

Du kannst aus den Fensterrahmen auch magische Tiere herausschauen lassen. Dafür kopierst du dein Lieblingstier aus dem Buch und vergrößerst es dabei.

Plätzchengläser

Für 2 Gläser brauchst du: 1 weißes Blatt Papier DIN A4 · Drucker · 1 Fotokarton DIN A4 · Kleber · Schere · 2 große Schraubgläser mit Deckel (max. 7 cm Durchmesser) · Muffin-Papierbackförmchen · 2 Gummibänder

1. Die Vorlagen Weihnachtsmann, Hirsch und Fenster aus dem Internet herunterladen (www.zsverlag.de) und auf weißem Papier ausdrucken.

2. Die Motive auf den Fotokarton kleben, ausschneiden und auf die Schraubgläser kleben. Dabei die Fensterläden nur an den Innenseiten befestigen.

3. Die Plätzchen in die Gläser füllen und mit den Schraubdeckeln verschließen. Die Papierförmchen über die Deckel stülpen und mit Gummibändern fixieren.

Lebkuchenhaustüten

Dafür brauchst du: braune Bodenbeutel aus Papier in verschiedenen Größen · Schere · Bleistift · weißer Lackstift · Kleber · Sterne aus pinkfarbenem und silbernem Papier · silberne Kordel

1. Von den Bodenbeuteln oben die gewünschte Dachform ausschneiden – halbrund, stufig oder spitz. Aus den abgeschnittenen Papierstücken nach Belieben Fensterläden oder Tannen ausschneiden.

2. Mit Bleistift gewünschte Motive ganz dünn auf Fensterläden, Tannen und Papierbeuteln vorzeichnen. Die Motive mit weißem Lackstift nachzeichnen. Fensterläden und Tannen auf die Häuser kleben.

3. Sterne an die Häuser kleben. Einige Sterne an einer Kordel befestigen und die Kordel nach Belieben um eine Tüte binden.

Doppeldecker mit Sternausguck

Für ca. 30 Stück:

200 g weiche Butter
350 g Mehl
100 g Zucker
1 Prise Salz

Für Füllung und Deko:
ca. 100 g Johannisbeergelee
oder deine Lieblingskonfitüre
Puderzucker zum Bestäuben

Außerdem:
Backpapier
Ausstecher

Zubereitungszeit:
ca. 45 Minuten
+ ca. 30 Minuten Kühlen
+ ca. 10 Minuten Backen

1. Die Butter in große Würfel schneiden und in eine Rührschüssel geben. Mehl, Zucker und Salz dazugeben. Alles mit den Knethaken des Handmixers zu einem glatten Teig kneten. Den Teig zu einer dicken Platte formen, in Frischhaltefolie wickeln und etwa 30 Minuten in den Kühlschrank legen.

2. Den Backofen auf 180 °C vorheizen. Das Backblech mit Backpapier belegen. Den Teig zwischen zwei Lagen Backpapier ausrollen und daraus beliebige Formen ausstechen, die Hälfte davon mit einem kleinen Sternloch in der Mitte. Den ausgestochenen Teig auf das Backblech legen. Achtsam auf die mittlere Schiene in den Ofen schieben und jedes Blech etwa 10 Minuten backen, bis die Plätzchen goldgelb sind.

3. Das Blech vorsichtig mit Topfhandschuhen oder großen Topflappen aus dem Ofen nehmen. Die Plätzchen auf einem Teller oder Kuchengitter abkühlen lassen.

4. Johannisbeergelee oder Lieblingskonfitüre mit 1 bis 2 EL heißem Wasser glatt rühren. Die Plätzchen ohne Loch damit bestreichen und die Plätzchen mit Loch daraufsetzen. Die Doppeldecker mit Puderzucker bestäuben.

Ohne Füllung lassen sich die Mürbteigplätzchen mit gefärbtem oder ungefärbtem Zuckerguss oder mit geschmolzener Kuvertüre bestreichen (siehe Seite 68/69).

Die Vorlage für eine Pulli-Papierschablone zum Ausdrucken und Ausschneiden findest du als Download auf der ZS-Homepage im Internet: www.zsverlag.de

Pfefferkuchenpullis

Für ca. 50 Stück:

120 g Zucker
150 g Rübensirup
2 TL Zimtpulver
1½ TL Ingwerpulver
1 TL Nelkenpulver
½ TL Kardamompulver
200 g Butter
1 Ei
500 g Mehl
150 g weiße Kuvertüre-Chips

Außerdem:
Backpapier
Pulli-Ausstecher
oder Pulli-Schablone

Zubereitungszeit:
ca. 60 Minuten
+ 8–10 Minuten Backen

1. Zucker und Rübensirup in einem Topf bei schwacher Hitze flüssig werden lassen, immer wieder umrühren. Zimt, Ingwer, Nelke und Kardamom untermischen. Die Butter dazugeben und darin schmelzen. Nicht kochen lassen, sonst spritzt das Fett und du kannst dich verbrennen. Die Masse in eine Rührschüssel füllen. Das Ei untermischen und Mehl gründlich unterrühren. Zugedeckt über Nacht im Kühlschrank ruhen lassen.

2. Den Teig am nächsten Tag mindestens 30 Minuten vor dem Verarbeiten aus dem Kühlschrank nehmen. Den Ofen auf 170 °C vorheizen. Das Backblech mit Backpapier belegen.

3. Den Teig zwischen zwei Lagen Backpapier ausrollen und mit der Plätzchenform Pullis ausstechen. Oder: Die Pulli-Schablone ausdrucken, ausschneiden und auf den Teig legen. Mit einem spitzen, kleinen Küchenmesser die Konturen nachfahren und ausschneiden. Die Pullis aufs Backblech legen. Jedes Blech achtsam auf der mittleren Schiene in den Ofen schieben und 8 bis 10 Minuten hellbraun backen.

4. Das Blech vorsichtig mit Topfhandschuhen oder großen Topflappen aus dem Ofen holen. Die Pullis vom Blech nehmen und abkühlen lassen.

5. Die Kuvertüre über einem warmen Wasserbad schmelzen (siehe Seite 68). Immer wieder umrühren. Leicht abgekühlt, aber noch warm in einen kleinen Gefrierbeutel füllen. Eine winzige Spitze abschneiden (siehe Seite 69) und die Pullis mit Schokomustern verzieren: Zickzack, Punkte, Schneeflocken, Schriftzüge – was dir gefällt!

Schneemänner und Pinguine

Für ca. 12 große und 20 kleine Taler:

200 g weiche Butter
80 g Zucker · 270 g Mehl
100 g gemahlene Mandeln
2 Tropfen Bittermandelaroma

Für die Pinguintaler:
20 bunte Schokolinsen
150 g Puderzucker
2 EL ungezuckertes Kakaopulver

Für die Schneemannkekse:
braune und rote Zuckerschrift
12 Marshmallows
100 g Puderzucker
2–3 EL Zitronensaft
Zuckerkugeln

Außerdem:
Backpapier
runde Ausstecher

Zubereitungszeit:
ca. 1 Stunde 10 Minuten
+ ca. 30 Minuten Kühlen
+ ca. 13 Minuten Backen

1. Butter, Zucker, Mehl, Mandeln und Bittermandelaroma in einer Schüssel mit den Knethaken des Handmixers zu einem glatten Teig verkneten. Den Teig in Frischhaltefolie wickeln und etwa 30 Minuten in den Kühlschrank legen.

2. Den Ofen auf 180 °C vorheizen. Das Backblech mit Backpapier belegen. Den Teig zwischen zwei Lagen Backpapier etwa 4 mm dick ausrollen. 20 runde Plätzchen mit 6 cm Durchmesser und 12 Plätzchen mit 7 cm Durchmesser ausstechen. Aufs Blech legen. Achtsam auf der mittleren Schiene in den Ofen schieben. Jedes Blech etwa 13 Minuten backen.

3. Das Blech vorsichtig aus dem Ofen nehmen. In die kleineren, noch heißen Plätzchen etwa mittig je 1 Schokolinse als Pinguinschnabel drücken. Abkühlen lassen.

4. Für die Pinguine Puderzucker mit Kakao vermischen. 3 bis 4 EL Wasser unterrühren und alles zu einem sehr zähflüssigen Guss verrühren. In einen kleinen Gefrierbeutel füllen und eine winzige Spitze abschneiden (siehe Seite 69). Feine Konturen wie auf dem Foto um das Pinguingesicht aufspritzen und 2 Augen aufmalen. Dann die Spitze des Spritzbeutels etwas größer abschneiden und den Guss als Fläche oberhalb der Konturen aufspritzen. Mit einem Messer glatt streichen. Trocknen lassen.

5. Für die Schneemannkekse mit Zuckerschrift Gesichter auf die Marshmallows malen. Puderzucker und Zitronensaft zu einem zähflüssigen Guss verrühren und auf die Mitte der großen Plätzchen klecksen. Je 1 Marshmallow-Schneemann aufsetzen. Darunter je 3 Zuckerkugeln setzen. Trocknen lassen. Zuletzt mit Zuckerschrift seitlich Arme aufmalen.

Diese coolen Plätzchen schenke ich meinem besten Freund Jo. Schließlich kann man nicht immer nur gesund essen.

Du möchtest Weihnachtsbäume statt Würfel? Dann schneide kleine Dreiecke aus dem Teig. Verziere sie, wie auf dem Foto, mit einer Girlande aus weißer Zuckerschrift oder Kuvertüre und setze bunte Zuckerperlen darauf.

Peperonis Schokiwürfel

Für ca. 80 Stück:

250 g weiche Butter
150 g Zucker
5 Eier
2 TL Lebkuchengewürz
100 g Schokoraspel
100 g Schokotropfen
200 g gemahlene Mandeln
150 g Mehl

Für die Glasur:
200 g Kuvertüre-Chips
Zucker- oder Schokoladen-dekor nach Belieben (z. B. Zuckerstreusel oder Schokoladen-Schneeflocken)

Außerdem:
Backpapier

Zubereitungszeit:
ca. 60 Minuten
+ ca. 20 Minuten Backen

1. Den Backofen auf 180 °C vorheizen. Das Backblech mit Backpapier belegen.

2. Butter, Zucker, Eier und Lebkuchengewürz in eine Rührschüssel geben. Mit den Quirlen des Handmixers schaumig schlagen. Erst Schokoraspel und Schokotropfen, dann Mandeln und Mehl unterrühren.

3. Den Teig etwa 1,5 cm dick auf das Backblech streichen. Das Blech achtsam auf der mittleren Schiene in den Ofen schieben und etwa 20 Minuten backen, dann die Stäbchenprobe machen (siehe Seite 19).

4. Das Blech mit Topfhandschuhen oder großen Topflappen vorsichtig aus dem Ofen nehmen und abkühlen lassen.

5. Für die Glasur die Kuvertüre-Chips in einer kleinen Schüssel über dem warmen Wasserbad bei schwacher Hitze schmelzen (siehe Seite 68). Die Oberfläche der abgekühlten Teigplatte mit der Kuvertüre überziehen. Am besten die flüssige Kuvertüre auf die Mitte der Teigplatte fließen lassen und dann mit einer langen Palette oder einem großen Messer gleichmäßig verteilen.

6. Die Glasur ganz kurz antrocknen lassen, sie soll aber noch feucht sein. Die Teigplatte mit einem scharfen Messer in kleine Würfel schneiden. Solange die Kuvertüre noch feucht ist, jeden Würfel mit Zucker-oder Schokoladendekor nach Belieben verzieren.

Wenn du den hellen Teig mit Lebensmittelfarbe einfärbst, kannst du bunte Spiralkekse daraus backen.

Schwarz-Weiß-Rollen

Für ca. 30 Stück:

350 g Mehl
90 g Zucker
200 g weiche Butter
1 Prise Salz
1 Fläschchen Vanillearoma
oder 1 TL Vanillepaste
2 EL ungezuckertes
Kakaopulver

Außerdem:
Backpapier

Zubereitungszeit:
ca. 35 Minuten
+ ca. 45 Minuten Kühlen
+ 13–15 Minuten Backen

1. Das Mehl mit Zucker, Butter, Salz und Vanille in eine Rührschüssel geben. Mit den Knethaken des Handmixers zu einem geschmeidigen Teig verkneten. Die Hälfte davon zu einer dicken Platte formen und in Frischhaltefolie wickeln. Unter den restlichen Teig den Kakao und 1 EL Wasser kneten. Ebenfalls zu einer dicken Platte formen und in Folie wickeln. Beide Teige etwa 45 Minuten in den Kühlschrank legen.

2. Den Ofen auf 180 °C vorheizen. Das Backblech mit Backpapier belegen. Jede Teigplatte zwischen zwei Lagen Backpapier etwa 18 x 30 cm groß ausrollen und das obere Papier vorsichtig abziehen.

3. Den hellen Teig auf den dunklen legen, dann von der langen Seite her aufrollen und die Rolle in etwa 1 cm dicke Scheiben schneiden. Ungeübte machen das besser portionsweise: Die Teigplatte etwa alle 5 cm durchschneiden, jedes Teilstück aufrollen und in Scheiben schneiden. Die Teigspiralen auf das Backblech legen und achtsam auf der mittleren Schiene in den Ofen schieben. Jedes Blech 13 bis 15 Minuten backen.

4. Das Backblech mit Topfhandschuhen oder großen Topflappen vorsichtig aus dem Ofen holen. Die Schwarz-Weiß-Rollen abkühlen lassen und in einer Keksdose aufbewahren.

Rentier-Cookies

Für ca. 70 Stück:

350 g Mehl
90 g Zucker
200 g weiche Butter
1 Prise Salz
100 g gemahlene Haselnüsse
100 g Kuvertüre-Chips
70 rote Mini-Schokolinsen

Außerdem:
Backpapier
runde Ausstecher

Zubereitungszeit:
ca. 55 Minuten
+ ca. 30 Minuten Kühlen
+ ca. 12 Minuten Backen

1. Mehl, Zucker, Butter, Salz, Haselnüsse und 2 EL Wasser in eine Rührschüssel geben. Mit den Knethaken des Handmixers zu einem geschmeidigen Teig verkneten. Den Teig zu einer dicken Platte formen, in Frischhaltefolie wickeln und etwa 30 Minuten in den Kühlschrank stellen.

2. Den Ofen auf 180 °C vorheizen. Das Backblech mit Backpapier belegen. Den Teig zwischen zwei Lagen Backpapier ausrollen. Das obere Papier vorsichtig abziehen und aus der Teigplatte runde Plätzchen ausstechen. Die Plätzchen nebeneinander mit etwas Abstand auf das Backblech legen und achtsam auf der mittleren Schiene in den Backofen schieben. Jedes Blech etwa 12 Minuten backen. Darauf achten, dass die Plätzchen nicht dunkel werden.

3. Das Blech vorsichtig mit Topfhandschuhen oder großen Topflappen aus dem Ofen holen. Die Plätzchen auf ein großes Küchenbrett legen und abkühlen lassen.

4. Die Kuvertüre-Chips in einer Schüssel über dem warmen Wasserbad schmelzen (siehe Seite 68). Leicht abgekühlt, aber noch warm, in einen kleinen Gefrierbeutel füllen. Von einer Ecke eine winzige Spitze abschneiden (siehe Seite 69). Mit diesem Spritzbeutel auf jedes Plätzchen Augen, Mund und ein Geweih aufmalen. In der Mitte mit etwas Kuvertüre je 1 Mini-Schokolinse als Nase aufkleben.

Ich mag die Cookies noch lieber als Schokotaler: Dafür knete ich einfach 2 EL ungezuckertes Kakaopulver und 3 EL Sahne unter den Teig. Für die Verzierung nehme ich dann weiße Kuvertüre.

Die Marzipanrohmasse macht die Makronen schön saftig. Lege sie in einer Schüssel 10 Minuten auf die Heizung, dann lässt sie sich leichter verkneten.

Kokosmakronen

Für ca. 50 Stück:

400 g Marzipanrohmasse
170 g Puderzucker
1 Eigelb
2 EL Zitronensaft
250 g Kokosraspel
6 Eiweiße

Außerdem:
Backpapier

Zubereitungszeit:
ca. 35 Minuten
+ ca. 20 Minuten Backen

1. Den Backofen auf 170 °C vorheizen. Das Backblech mit Backpapier belegen.

2. Die Marzipanrohmasse in kleine Würfel schneiden. Mit Puderzucker, Eigelb und Zitronensaft in eine Rührschüssel geben. Mit den Knethaken des Handrührgeräts verkneten. Die Kokosraspel untermischen.

3. Die Eiweiße in einer Rührschüssel mit den Quirlen des Handmixers zu steifem Schnee schlagen. Die Marzipan-Kokos-Masse dazugeben und unterrühren. Den Teig mithilfe von 2 Teelöffeln als Häufchen auf das Backblech setzen. Jedes Blech achtsam auf der mittleren Schiene in den Ofen schieben und etwa 20 Minuten backen. Die Kokosmakronen sollen schön hell bleiben.

4. Das Blech vorsichtig mit Topfhandschuhen oder großen Topflappen aus dem Ofen holen. Abkühlen lassen.

Für dieses Rezept brauchst du nur das Eiweiß. Das übrige Eigelb kannst du zugedeckt 2 Tage im Kühlschrank aufbewahren. Daraus lässt sich zum Beispiel leckeres Rührei zubereiten: Eigelb mit Salz, Pfeffer und etwas Sahne verquirlen. In einer beschichteten Pfanne unter Rühren stocken lassen. Lecker!

Die Vorlage für eine
Bommelmützen-Papierschablone
zum Ausdrucken und Ausschnei-
den findest du als Download auf
der ZS-Homepage im Internet:
www.zsverlag.de

Bommelmützen

Für ca. 35 Stück:

Für den Teig:
200 g weiche Butter
330 g Mehl
70 g Puderzucker
2 EL Orangensaft oder Wasser
1 Prise Salz
1 Fläschchen Vanillearoma
oder 1 TL Vanillepaste
1–2 EL Zimtpulver
(nach Geschmack)

Für die Deko:
120 g Puderzucker
2–3 EL Zitronensaft
ca. 50 g Kokosraspel

Außerdem:
Backpapier
Bommelmützen-Schablone
oder -Ausstechform

Zubereitungszeit:
ca. 55 Minuten
+ 30 Minuten Kühlen
+ 13 Minuten Backen

1. Die Butter in Würfel schneiden und in eine Rührschüssel geben. Mehl, Puderzucker, Orangensaft oder Wasser, Salz, Vanille und Zimt dazugeben. Alles mit den Knethaken des Handmixers zu einem glatten Teig verkneten. Den Teig zu einer dicken Platte formen, in Frischhaltefolie wickeln und etwa 30 Minuten in den Kühlschrank legen.

2. Den Backofen auf 180 °C vorheizen. Das Backblech mit Backpapier belegen. Den Teig zwischen zwei Lagen Backpapier ausrollen und das obere Papier vorsichtig abziehen. Die Bommelmützen-Schablone ausdrucken, ausschneiden und auf den Teig legen. Mit einem spitzen, kleinen Küchenmesser die Konturen nachfahren und ausschneiden. Oder: Mützen mit einer Plätzchenform ausstechen. Die Mützen aufs Backblech legen. Jedes Blech achtsam auf der mittleren Schiene in den Ofen schieben. Die Plätzchen etwa 13 Minuten goldbraun backen.

3. Das Blech vorsichtig mit Topfhandschuhen oder großen Topflappen aus dem Ofen holen. Die Plätzchen auf ein großes Küchenbrett legen und abkühlen lassen.

4. Für die Deko den Puderzucker mit dem Zitronensaft zu einem glatten, zähflüssigen Guss verrühren. Den Mützenrand und die Bommel mit Zuckerguss bestreichen und sofort mit Kokosraspeln bestreuen. Am besten immer 3 bis 4 Plätzchen mit Guss bestreichen und mit Raspeln bestreuen. Wenn der Zuckerguss antrocknet, halten die Kokosraspeln nicht mehr darauf.

Himmelsboten

Für ca. 20 Stück:

300 g Marzipanrohmasse
etwa 10 ungeschälte Mandelkerne
100 g Puderzucker
1–2 EL Zitronensaft
Zuckerperlen
braune und weiße Zuckerschrift
Zuckersternchen

Außerdem:
Backpapier
Engel-Ausstecher
Stern-Ausstecher

Zubereitungszeit:
ca. 30 Minuten
+ ca. 5 Minuten Backen

1. Den Backofen auf 190 °C vorheizen. Das Backblech mit Backpapier belegen. Die Marzipanrohmasse in Scheiben schneiden und zwischen zwei Lagen Backpapier etwa 5 mm dick ausrollen, dann das obere Papier vorsichtig abziehen.

2. Aus der Hälfte des Marzipans Engel ausstechen und auf das Backblech legen.

3. Aus der anderen Marzipanhälfte Sterne ausstechen und aufs Blech legen. Jedem Sternmännchen eine Mandel auflegen und einen Zacken als Arm darüberklappen.

4. Engel und Sterne achtsam auf der mittleren Schiene in den Ofen schieben und etwa 5 Minuten goldgelb backen. Vorsichtig mit Topfhandschuhen oder großen Topflappen aus dem Ofen nehmen und abkühlen lassen.

5. Inzwischen den Puderzucker mit dem Zitronensaft zu einem glatten, zähflüssigen Guss verrühren. Die Engel damit bestreichen. Je 2 Zuckerperlen als Augen auf den Kopf der Engel drücken. Den Guss fest werden lassen.

6. Die Sterne bleiben ohne Guss, aber klebe mit etwas Zuckerschrift je 2 Zuckerperlen als Augen auf. Mit brauner Zuckerschrift einen Mund auf die Sterne malen.

7. Die Konturen der getrockneten Marzipanengel mit weißer Zuckerschrift am Rand nachzeichnen. Kleine Zuckersternchen oben am Kopf aufkleben. Zuletzt mit Zuckerschrift noch ein kleines Näschen auftupfen.

Aus Marzipanrohmasse lassen sich auch kleine Schweine ausstechen und nach dem Backen mit rosa eingefärbtem Zuckerguss bepinseln. Nette Glücksbringer für Silvester oder auch für Prüfungen.

Hui! Zauberstäbe mit Glitzer! Augen schließen, an die Weihnachtswünsche denken, am Keks knabbern und spüren, wie es prickelt. Ob das die Vorfreude auf die Geschenke ist oder das Brausepulver?

Prickelnde Zauberstäbe

Für ca. 50 Stück:

200 g weiche Butter
350 g Mehl
100 g Zucker
1 Päckchen Vanillezucker
2 EL Schmand

Für den Guss:
300 g Puderzucker
4–5 EL Zitronensaft
3 EL roter Himbeersirup
2 Päckchen Brausepulver
bunter, glitzernder Dekorzucker

Außerdem:
Backpapier
Stern-Ausstecher
(ca. 4–5 cm Durchmesser)
Holzspieße

Zubereitungszeit:
ca. 50 Minuten
+ ca. 30 Minuten Kühlen
+ ca. 12 Minuten Backen

1. Die Butter in Würfel schneiden und in eine Rührschüssel geben. Mehl, Zucker, Vanillezucker und Schmand dazugeben. Alles mit den Knethaken des Handmixers zu einem glatten Teig verkneten. Den Teig zu einer dicken Platte formen, in Frischhaltefolie wickeln und etwa 30 Minuten in den Kühlschrank stellen.

2. Den Backofen auf 190 °C vorheizen. Das Backblech mit Backpapier belegen. Den Teig zwischen zwei Lagen Backpapier etwa 1 cm dick ausrollen – nicht dünner, sonst lassen sich die Holzspieße nicht hineinstecken. Das obere Papier vorsichtig abziehen.

3. Aus dem Teig Sterne ausstechen und aufs Backblech legen. Die Holzspieße vorsichtig von unten bis in die Mitte der Sterne stecken. Jedes Blech achtsam auf der mittleren Schiene in den Ofen schieben. Etwa 12 Minuten goldgelb backen.

4. Das Blech vorsichtig mit Topfhandschuhen oder großen Topflappen aus dem Ofen holen. Die Zauberstäbe auf einem großen Küchenbrett abkühlen lassen.

5. Für den Guss den Puderzucker mit Zitronensaft und Himbeersirup zähflüssig verrühren. Die Sterne damit bepinseln. Noch feucht mit Brausepulver und Dekorzucker bestreuen und trocknen lassen. Falls sich Spieße von den Zauberstäben lösen, die Spitze in etwas Zuckerguss tauchen und wieder in den Stern stecken. Trocknen lassen.

Basteln mit gekauften Plätzchen

Weihnachtsschlitten

Für 5 Schlitten: 50 g Kuvertüre-Chips schmelzen (siehe Seite 68). Brotpapier in 5 Stücke schneiden und für die Schlitten bereitlegen, damit die Schokolade beim Trocknen nicht auf der Arbeitsfläche festklebt. 10 Dominosteine, 10 Zuckerstangen (13 cm) und 5 Spekulatius bereitlegen. Für jeden Schlitten 2 Dominosteine hintereinander auf das Papier setzen und die Außenseiten etwa zur Hälfte mit Kuvertüre bestreichen. Auf jeder Außenseite 1 Zuckerstange an die Dominosteine drücken. Kurz festhalten, bis die Kuvertüre klebt. Spekulatius auf der Unterseite mit etwas Kuvertüre bestreichen und auf die Dominosteine kleben. Die Schlitten mindestens 30 Minuten fest werden lassen, dann das Papier vorsichtig abziehen. Schlitten mit Schoko-Nikoläusen, Schokopäckchen oder Pralinen beladen.

Lokomotive

Für 1 Lok: Von 3 Dominosteinen 2 Dominosteine mit etwas Zuckerschrift zusammenkleben. 1 Dominostein als Führerhaus auf den hinteren Dominostein kleben. Als Räder unten an beiden Seiten Schokolinsen befestigen. Mini-Schokolinsen als Scheinwerfer und als Schornstein aufkleben. Mit Zuckerschrift auf 1 Butterkeks Schienen aufmalen und die Lok auf die Schienen stellen. Nach Belieben noch etwas Puderzucker als Schnee darübersieben.

Schneemänner

Für 1 Schneemann: 3 Pfeffernüsse auf einen Holzspieß aufziehen. Den Spieß auf 1 Lebkuchen stecken. Für den Hut oben auf den Holzspieß erst 1 runden Keks mit Loch und 1 Zuckerkringel stecken, dann 1 Dominostein. Ist der Spieß länger als der Hut, kürze ihn mit einer Schere oder Kneifzange. Mit brauner Zuckerschrift 2 Augen und 1 Mund aufmalen. Als Nase und Knöpfe für den Bauch Mini-Schokolinsen mit Zuckerschrift auf die Pfeffernüsse kleben. Fest werden lassen.

Bildnachweis

Alle Bastelvorlagen können Sie sich auf www.zsverlag.de herunterladen

ZU DEN AUTORINNEN

Margit Auer begeistert mit ihren Geschichten seit 2013 unzählige Mädchen und Jungen im Grundschulalter. Selbst Bücher zu schreiben, beschloss die Journalistin beim Vorlesen für ihre drei Söhne. Für „Die Schule der magischen Tiere“ wurde sie mit dem Leipziger Lesekompass, dem Leseknirps und dem Heidelberger Leander ausgezeichnet.

Nina Dulleck hat den Geschichten mit ihren Illustrationen ein unverwechselbares Gesicht gegeben. Die Text- und Bildautorin malt und schreibt für sich selbst und andere. Sie wohnt in einem winzigen Dorf und arbeitet in einem noch winzigeren Atelier umgeben von ihrem Mann, drei Kindern, vielen Tieren und noch mehr Natur.

Christiane Kührt kennt sich als freie Foodjournalistin, Lektorin und Autorin mit Essen und Trinken bestens aus. Eltern und Kindern den Spaß am Kochen und Essen zu vermitteln, liegt ihr dabei besonders am Herzen. Was Kinder lieben, konnte sie durch ihre eigenen Kinder lernen.

Weitere Bücher der Autorinnen:

→ Die Schule der magischen Tiere – Das Kochbuch

IMPRESSUM

Hinter jedem tollen Buch steckt ein starkes Team

Projektleitung: *Rebecca Angerer, Ulrike Kraus*
Texte & Rezepte: *Christiane Kührt*
Lektorat: *Christiane Kührt*
Grafische Gestaltung & Satz: *Julia Arzberger*
Illustrationen: *Nina Dulleck*
Fotografie: *Julia Hoersch*
Foodstyling: *Katja Baum*
Requisite und Bastelanleitungen: *Katja Rahtjen*
Herstellung: *Frank Jansen*
Producing: *Jan Russok*
Druck & Bindung: *optimal media GmbH, Röbel*

3. Auflage 2025
© 2023 Edel Verlagsgruppe GmbH,
Neumühlen 17, 22763 Hamburg
ISBN: 978-3-96584-344-8
Redaktionsanschrift:
ZS, Edel Verlagsgruppe GmbH,
Kaiserstraße 14b, 80801 München
www.zsverlag.de/kontakt
www.edelverlagsgruppe.de/kontakt

LIEBE LESERINNEN, LIEBE LESER,

wie schön, dass Sie ein Buch von ZS in den Händen halten. „Jetzt leben!“ ist das Motto unseres Verlages. Es steht für Genuss und Inspiration, Unterstützung und Motivation. Ob Kulinarik oder Fitness, Gesundheit oder Lebenshilfe – seit über 30 Jahren bieten wir kompetente Ratgeber für (fast) alle Lebenslagen. Wir lieben Tradition genauso wie Innovation – sie treiben uns an. Unsere Autorinnen und Autoren sind Menschen, die zu ihrem Thema wirklich etwas zu sagen und zu schreiben haben. Unsere Produkte sind erzählerisch, appetitmachend und als gedruckte Bücher haptisch echte Erlebnisse. Für Sie mit ganz viel Liebe gemacht! Entdecken Sie mehr aus unserer wunderbaren Welt!

UNSER VERLAGSHAUS

Mit Standorten in Hamburg und München zählt die Edel Verlagsgruppe zu den größten unabhängigen Buchanbietern Deutschlands. Zur Gruppe gehören die Verlage Dr. Oetker Verlag, Edel Sports, KARIBU und ZS.

ZS - Ein Verlag der Edel Verlagsgruppe
www.zsverlag.de
www.facebook.com/zsverlag
www.instagram.com/zsverlag

NEWSLETTER

Was koche ich heute Feines? Und wie geht das – schmackhaft und gesund? Melden Sie sich jetzt zum ZS-Genuss-Service an und verpassen Sie keine kulinarischen und gesundheitlichen Trends mehr. Wir informieren Sie regelmäßig über unsere Neuerscheinungen, Aktionen oder Gewinnspiele und verraten Ihnen unsere Lieblingsrezepte!

GEWINNEN

Unter allen Neuabonnierenden verlosen wir jeden Monat eine *ZS-Genuss-Box* im Wert von 75,00 €.

Jetzt anmelden unter:
www.zsverlag.de/newsletter
oder den QR Code scannen:

ANMELDEN!